三明学院学术著作出版基金资助出版

阿格妮丝·赫勒"超越正义"理论研究

邓红霞 著

AGNES HELLER
CHAOYUEZHENGYI LILUN YANJIU

图书在版编目（CIP）数据

阿格妮丝·赫勒"超越正义"理论研究/邓红霞著.
北京：知识产权出版社，2025.5. —ISBN 978 – 7 – 5130 – 9735 – 2

Ⅰ. D081

中国国家版本馆 CIP 数据核字第 2025X4W026 号

责任编辑：罗　慧　　　　　　责任校对：王　岩
封面设计：乾达文化　　　　　　责任印制：刘译文

阿格妮丝·赫勒"超越正义"理论研究

邓红霞　著

出版发行	知识产权出版社有限责任公司	网　　址	http：//www.ipph.cn
社　　址	北京市海淀区气象路 50 号院	邮　　编	100081
责编电话	010 – 82000860 转 8343	责编邮箱	lhy734@126.com
发行电话	010 – 82000860 转 8101/8102	发行传真	010 – 82000893/82005070/82000270
印　　刷	北京建宏印刷有限公司	经　　销	新华书店、各大网上书店及相关专业书店
开　　本	720mm×1000mm　1/16	印　　张	15.5
版　　次	2025 年 5 月第 1 版	印　　次	2025 年 5 月第 1 次印刷
字　　数	207 千字	定　　价	88.00 元

ISBN 978 – 7 – 5130 – 9735 – 2

出版权专有　侵权必究
如有印装质量问题，本社负责调换。

前　言

　　正义一直以来是人类社会孜孜追求的价值理念，它的存在是以"超然"的现实价值来审视现实社会生活中的"应然"的实践结果。然而，不同社会和不同时代的哲学家们基于不同的现实生活背景、立场而产生各种正义的观点，也即是说，人类追求正义的历史过程也折射出人们对美好生活世界的不懈追求和现实努力。

　　东欧新马克思主义布达佩斯学派领军人物阿格妮丝·赫勒认为，在后现代语境下的传统静态正义观已不再适应现代社会生活，难以客观地解决现实社会冲突。因此，她指出：现代社会正义理论需要实现从过去的传统正义观向现代正义观的转变，从而实现从逻辑理论思辨到现实生活世界的回归。她首先针对前现代传统社会的静态正义理论进行了深刻的反思，阐述了现代语境下过去的传统社会正义观和伦理—政治正义概念存在的悖论；她继而提出为了适应现代社会中的现代性危机需要一种新的动态正义理论，同时在实现"自由""生命"等价值基础上，需要具有良好美德的公民作为实现良善生活的道德主体；并且她提出，构建的正义目标是超越正义，实现了良善生活就是实现了超越正义。赫勒的学术努力，凸显了后现代社会中因现代性的发生而导致的现代性危机需要重新追寻道德和善良意志的价值诉求，因而引领了当代社会正义问题的研究理念。

　　本书主体脉络大致为：绪论部分之后，阐述了形成赫勒正义理论的背景溯源；在此基础上，对赫勒正义理论及其内在三重逻辑：起点—中介—旨归进行了解读和分析；最后对赫勒正义理论作了学术评析，包括其学术价值、思想困境及其现实借鉴意义。本书的主题，是以马克思主义的辩证唯物主义、历史唯物主义理论为指导，对赫勒的正义理论着力展开梳理，从而在理论和现实意义层面上，提出其正义理论对当代中国社会正义的参照系之设想。赫勒是一位具有高度整合性且著述颇丰的思想家，其正义理论在形成过程中颇受马克思、卢卡奇等人的思想的巨大启蒙，赫勒"超越正义"理论不仅对于马克思正义理论是一种内容的补充，而且对于当前中华民族伟大复兴的实现是一种宝贵的理论和实践参照系。因为，现代性的发生使一部分人的价值观和理想信念发生了金钱至上、信仰迷失、道德沦陷，因而导致各种社会冲突和现实问题的发生，一个和谐的社会必定是一个正义的社会。所以，在我们实现中国梦的过程中，我们需要良善的指引，需要德性作为我们的价值理念，从而最终实现"超越正义"的良善社会。

赫勒"超越正义"理论的构建，在理论意义上具有浓厚的批判意味及现实意义上的针对性。本书在此意义上力图有以下创新：（1）研究视角和研究方法的创新。本书以赫勒"超越正义"为研究主题，以解读赫勒正义理论形成的时代背景为出发点，进而追溯其理论的思想渊源，阐述了赫勒对正义理论在不同的历史时期不断发展及形成的过程；分析了从正义到超越正义的逻辑内涵；展示了超越正义与正直的人、超越正义与现代性危机的消解、超越正义与良善生活的三重内在逻辑指向：起点—中介—旨归，力图在一定层面上避免国外研究的片面性、不全面的状态。（2）内容的创新。没有比较就难以知晓自己的境界，即"比较出真知"，因而，为了便于更详尽地阐释赫勒的理论观点，本书在对其内容深度进行阐释的基础上，分析了她的正义理论对于拓展正义问题研究视域的启发意义、其正义理论与西方正义思想之间的比较与超越、其正义理论与马克思主义正义思想之间的密切联系，以及其正义理论对苏东社会正义理论和实践的反思等问题，这既有利于呈现赫勒正义理论的独特性，又将其正义理论置于马克思主义视域及苏东社会历史背景下进行分析，通过这样的研究方法，力图拓展其正义理论研究的新路径。最后，本书的落脚点是中国当前的现实问题，赫勒的正义理论是基于西方政治哲学视域之下的，无法直接用于指导中国当前社会出现的各种问题，但是赫勒的正义理论中蕴含着对社会正义问题的反思和探索，因而有利于我们汲取其合理部分，为我们构建中国社会的正义和中华民族伟大复兴的实现提供有价值的参考和借鉴。

目录
CONTENTS

第1章 绪 论 / 001

    1.1 本书选题来源及意义 / 003

    1.2 国内外研究现状及评析 / 009

    1.3 本书研究思路和研究方法 / 019

    1.4 本书拟解决的关键问题以及创新点 / 021

第2章 赫勒"超越正义"理论的缘起 / 025

    2.1 赫勒"超越正义"理论的时代背景 / 028

    2.2 赫勒"超越正义"理论的思想渊源 / 035

    2.3 赫勒"超越正义"理论的形成过程 / 053

    本章小结 / 058

第3章 从正义到"超越正义":赫勒"超越正义"理论的逻辑内涵 / 061

    3.1 正义的内涵、功能及分类 / 063

    3.2 "超越正义"的概念及其内涵 / 072

    3.3 赫勒"超越正义"理论的内在逻辑架构 / 077

本章小结 / 084

第4章 "超越正义"与正直的人：赫勒"超越正义"理论的逻辑起点 / 085

    4.1 正直的人 / 087

    4.2 静态正义与人 / 101

    4.3 动态正义与人的正义感 / 109

    本章小结 / 118

第5章 "超越正义"与现代性危机之消解：赫勒"超越正义"理论的逻辑中介 / 121

    5.1 现代性危机 / 124

    5.2 "超越正义"与伦理—政治正义 / 135

    5.3 "超越正义"与不完备的伦理—政治正义 / 142

    本章小结 / 151

第6章 "超越正义"与良善生活：赫勒"超越正义"理论的逻辑旨归 / 153

    6.1 良善生活 / 156

    6.2 良善生活与"超越正义" / 166

    本章小结 / 175

第7章 赫勒"超越正义"理论的评析 / 177

    7.1 赫勒"超越正义"理论的学术价值 / 180

    7.2 赫勒"超越正义"理论的思想困境 / 198

7.3 赫勒"超越正义"理论对实现中国梦的现实借鉴意义 / 206

本章小结 / 214

结　语 / 217

参考文献 / 223

后　记 / 235

第1章 绪 论

第1章 序論

任何真正的哲学都是自己时代精神上的精华。❶

——卡尔·马克思

古希腊哲学家柏拉图最早撰写了西方政治哲学中关于正义的图谱,自此之后西方政治哲学家们关于正义的探讨,大多是这个图谱的历史性延伸。匈牙利哲学家阿格妮丝·赫勒的"超越正义"理论,无疑是这一谱系上的一颗璀璨耀眼的明珠。

1.1　本书选题来源及意义

每一个时代都有其特有的时代烙印。作为东欧新马克思主义最重要、最著名的哲学家代表人物之一和布达佩斯学派的领军人物,阿格妮丝·赫勒(1929—2019)于1929年5月12日出生于匈牙利的一个犹太人的家庭。1945年第二次世界大战(以下简称二战)结束时她16岁,正是从家庭进入社会

---

❶ 《马克思恩格斯全集》(第1卷),人民出版社1956年版,第121页。

的年龄。她先是居住在高度集权的匈牙利，后来移居美国，是一位历经磨难却永不屈服的、智慧而又坚强的女性，她从匈牙利移居到美国的人生历程，使她对人性和对现代社会发生的现实问题进行了哲学层面的思考和现实意义上的理论建构。她在关注现代社会的现实问题的同时，又着力于思考与经验社会相关的其他问题，因而她的理论视域和理论覆盖面非常宽泛。她的理论涉及道德哲学、日常生活、现代性、激进哲学、历史理论、美学等，使她成为不同于传统马克思主义的哲学家，可以说，她与众不同的人生经历决定性地影响了其思想历程及理论关怀。

1.1.1 本书选题来源

本书选题的来源，以下总结为三个方面。

1. 对正义的追求是人类社会永恒的主题

社会越是高度发展，越是会对正义这一理论加以重视。这也正如康德所指出的那样，在人类社会中如果这个社会中应该有的公正以及社会正义已经不复存在的话，那么这样的人类社会生活世界无法让人们生存下去。也正因如此，各社会中的人们对正义问题的探索从未停止，都源于人类理性对社会秩序的追求。自从古希腊哲学家苏格拉底讨论正义问题以来，正义已经从天堂回归到人类世界，用人性的美德取代了神圣的超然正义。因而，后来的哲学家如柏拉图、亚里士多德、康德、黑格尔，还有近代哲学家洛克、边沁等，以及马克思、罗尔斯、哈贝马斯等都将追寻和实现正义理论作为其理论的核心目标。

2. 赫勒"超越正义"理论在一定意义上将马克思的宏大叙事的理论思辨转向了微观视角的日常生活，实现了对现实的回归

赫勒社会政治正义思想所散发的学术魅力在于她将马克思的宏大叙事

的理论思辨转向了微观视角的日常生活，实现了对现实的回归。这一点具体体现在她对过去传统社会正义的反思，剖析了过去传统社会中的形式正义（静态正义）所存在的悖论、伦理政治正义中的悖论，阐释了正义概念随社会变迁而转变，并进一步阐释分析了动态正义。赫勒指出，对于正义的追求，其实不是为了追求正义本身，而是为了追求人的最根本的自由和生命价值。她的正义理论的构建是源于人类的微观生活。

3. 新时代背景下所彰显的时代精神和对良善生活的追求

赫勒正义理论形成的时代背景是后现代社会西方哲学的语境氛围，她将马克思主义思想置于资本主义社会及我们处在的社会主义社会多重社会背景下，从而阐发了对马克思主义正义观有所继承和发展的、具有赫勒特色的正义理论特色。因而，深入考察赫勒正义理论将有利于我们厘清西方正义理论的哲学视域，对于深入理解马克思正义理论，对于在习近平新时代中国特色社会主义思想的背景下协同推进人民富裕、国家强盛、中国美丽，具有很好的参考价值。

1.1.2　本书选题意义

本书选题的理论意义有以下三点。

1. 有助于推进布达佩斯学派的研究

布达佩斯学派是东欧新马克思主义中最具代表性的学派，而东欧新马克思主义的学术研究和建树也是国内外一种颇具影响力的新马克思主义类型。格奥尔格·卢卡奇是匈牙利著名的哲学家和文学批评家，是当代影响最大、争议最多的马克思主义评论家和哲学家，也是西方马克思主义最具代表性的领军人物。他的学生赫勒先后获得莱辛奖、阿伦特奖和松宁奖，而且赫勒的理论著作和研究范围涉及很广，包括道德哲学、现代性、正义、美学等范畴，而且赫勒本身就是极具代表性意义的东欧新马克思主义思想家，她的正义理论也独具特色，是对特定时代的深刻反思。国内对东欧新马克思主义的研究热潮始于国内一些学者在 20 世纪 80 年代初对赫勒"日常生活"理论的研究。到现在已经有 40 年的研究历史，但国内学者对东欧布达佩斯学派的研究热度不减。研究赫勒的思想也正是对布达佩斯学派研究的进一步发展。

2. 有助于我们在现阶段对赫勒正义理论展开深刻反思的前提下，进一步思考树立和提升人们的社会道德价值意识的问题

赫勒认为，在过去的传统社会中，政治哲学、道德哲学、社会哲学是混为一体的，三者之间没有明确的分界，正义是所有理论中最高和唯一的准则。但是到了现代社会，赫勒认为，政治哲学、道德哲学、社会哲学三者在理论意义上已经各自独立，因而，在这种状况下对于正义理论的阐释也有了各自领域内不同的意义。所以，赫勒致力于将不同社会时期的正义概念，按照不同历史社会阶段，将传统社会的前现代社会的正义定义为静态正义、现代社会的正义定义为动态正义。这意味着她对正义的不同理解：在传统社会，正义是形式的正义，或者说是静态的正义，这种静态正义的概念是"（1）涵盖了所有类型的正义的共同特性；（2）因此，它不仅是从正义的全部规范的内容、标准和程序中，而且也从某些（有限的）理想类型中抽象出来，这可以通过内容、标准和程序的不同结合方式而得到合理的理解"[1]。而对于现代社会的正义是动态正义，她认为是"现代性中作为动态正义最终标准的普遍的价值/原则。不过，应该始终牢记的是，动态正义（动态正义的概念）历史可以追溯到现代性形成之前。追溯到生命和自由价值以及与其相关的原则普遍化之前……"[2] 在她看来，在前现代的传

---

[1] ［匈］A. 赫勒：《超越正义》，文长春译，黑龙江大学出版社 2011 年版，第 1 页。
[2] ［匈］A. 赫勒：《超越正义》，文长春译，黑龙江大学出版社 2011 年版，第 134 页。

统社会中存在的这三种哲学（道德哲学、政治哲学、社会哲学）的焦点，就是正义本身在该社会中所存在的价值和正义本身在该社会中所具有的美德。她认为，在后现代社会现代性发生的状况下，这三种哲学已经发生分离，那么需要重新阐释正义这一连接点的问题，进而阐释如何实现正义和超越正义。

3. 有助于新时代背景下对社会正义理论的思考，进一步拓宽马克思主义正义理论研究的视域

赫勒所生活的匈牙利国家处于东欧社会主义国家在二战之后的"苏联模式"下，在这段战争动荡和社会变革的社会背景下，这些东欧国家基于二战后发展时期的种种新问题，包括与苏联模式下的政治体制、经济和文化差异等引发的社会冲突空前激烈。为了促进更广泛的正义和社会平等，以赫勒为代表的布达佩斯学派提出对于回归马克思主义的问题研究，并拓展了思考领域，以批判现代社会中在各种意识形态和现代性的冲击下道德伦理的缺失，指斥了这种缺失所造成的对人类尤其是对犹太人的大屠杀、自由和生命价值的丧失，以及人们的正义感和道德的缺失等非正义现象，从而展示了赫勒对后现代社会的正义理想的追求。"也许批判理论家的批判没有深刻抵达资本主义谋求利润最大化的固有制度逻辑，也许其批判方式仍然执著于规范而显得过于学术化，但是他们的理论有一种正义的道德力量，表达了对人类解放的热烈情怀。"[1]

具体说来，研究赫勒"超越正义"理论的实践意义有以下三点。

（1）在一定意义上能够帮助我们从独特与现实的视角思考社会正义问题。正义是哲学史上极具争议的经典话题，赫勒"立足于正义视角，通过对正义观的诠释来批判现代性"，"当赫勒主张回归生活世界、超越正义

---

[1] 周穗明：《译者前言》，参见［美］南茜·弗雷泽、［德］阿克塞尔·霍耐特：《再分配，还是承认？——一个政治哲学对话》，周穗明译，上海人民出版社2009年版，第13—14页。

时，又使我们嗅到了后现代主义的气息"。❶ 赫勒"超越正义"理论的时代背景是资本主义与社会主义两种社会形态并存，是马克思主义正义观的发展。这种双重形态的社会背景使她的理论极具现实意义。因为马克思理论的传统是在当今世界语境中对人的存在予以深刻的现实思考。与此同时，她亲身经历了社会主义建立和改革的过程，这些经历使赫勒在马克思主义、东方马克思主义和西方哲学的许多主题上都有自己独特的观点和见解。

（2）在一定意义上能够为我们现阶段的中国社会正义理论和中国梦建设提供有益的理论价值借鉴。"公平正义是中国特色社会主义的内在要求。"❷ 中国改革开放以来在经济建设和国家发展上取得的成就已经让世界其他国家侧目而视，但在社会高速发展的进程中也存在一些社会矛盾，在物资和信息资源高度发达的情况下，发生了一些道德伦理丧失、自私自利、个人享乐主义盛行和贫富分化等社会现象，如果处理不当极易引发社会冲突。"在现代化中的国家，暴力、动乱和极端主义行为在较富裕的地区比在较贫穷的地区发生的频率更高。"❸ 面对这些社会问题，我们需要积极构建中国特色社会主义核心价值观，积极缩小社会贫富分化和收入分配差距，缓和化解社会冲突，提高社会的包容度，维护社会和谐，为实现中国梦和民族复兴起到积极作用。深入考察赫勒的正义理论，有利于我们对当代社会的正义和人的价值、意识形态进行新思考，从而提高人们的道德修养和价值观建设。因为正义始终是人类最为崇高的理想和本质吁求，社会越高度发展，越需要呼唤正义。赫勒正义思想理论的研究中所体现的对人性美好的追求、道德哲学的要求、价值观的塑造等极具现实意义，因而值得我

---

❶ ［匈］A. 赫勒：《超越正义》，文长春译，黑龙江大学出版社 2011 年版，中译者序言第 10 页。
❷ 胡锦涛：《坚定不移沿着中国特色社会主义道路前进　为全面建成小康社会而奋斗——在中国共产党第十八次全国代表大会上的报告》，人民出版社 2012 年版，第 14 页。
❸ ［美］塞缪尔·亨廷顿：《变革社会中的政治秩序》，李盛平、杨玉生等译，华夏出版社 1988 年版，第 45 页。

们深入思考和现实借鉴。

（3）在一定意义上，在全球化背景下，可为处理不同国家、地区之间的关系提供一些有益的理论资源。和平与发展已经成为全世界所有国家共同的主题。赫勒发展和张扬了布达佩斯学派关注现实、批判社会的精神传统，她的正直的人的构建、正义的目的就是超越正义、"良善生活可以超越正义"等理论所具有的内涵，为处于全球化背景下的我们解决各种错综复杂的问题，提供了极具宝贵价值的理论参考资源。

1.2 国内外研究现状及评析

1.2.1 国外研究动态分析

阿格妮丝·赫勒是在国际学术界最早具有世界影响力的东欧新马克思主义学者之一。她的研究领域广泛，故而国外学者从各个角度对其进行了深入研究。

1. 按照时间顺序梳理国外学者的研究

按照时间顺序，国外学者对赫勒正义、政治理论的研究主要有如下：1981年，安德鲁·米尔纳和约瑟夫·哈勒维的 *Response to Fair and Heller: About European Communism*，与赫勒、费赫尔就该书的主题作了探讨。1990年，巴斯蒂亚斯（Bastias Urra）发表了他的博士论文 *From Silence to Action: Agnes Heller's Politics*，这篇论文中关于人类的性质等内容，针对赫勒的政治理论的分析具有一定意义。1994年，*Heller's Theory of Social Philosophy* 的出版，由约翰·巴勒姆（John Burham）撰写，收集了15篇与赫勒有关的研究论文和赫勒的 1 篇响应文章，涵盖了布达佩斯学派的瓦杰达（Vajda）、马库斯（Marcus）和"后马"代表彼得·墨菲（Peter Murphy）等学者对赫勒的思想的介绍和评价。1996 年，随着 The "Secular" of the Modern World：Heller and Arendt 的发表，格鲁姆利在文中讨论了赫勒的正义理论，他关注的是赫勒思想中的世界主义与其存在的困境，等等。

2. 对赫勒日常生活理论的研究

事实上，最早引起国际学术界关注的就是赫勒的《日常生活》（Daily Life）。自 20 世纪 70 年代以来，西方学者研究赫勒的日常生活理论的热潮一直持续到今天。1976 年，查尔斯·安德拉斯和彼得·利希滕贝格（Peter Lichtenberg）分析了赫勒的日常生活理论观点。在 20 世纪 80 年代，彼得·利希滕贝格的《日常生活社会学之路：关于阿格妮丝·赫勒的"日常生活"和阿尔弗雷德·舒茨（Afred Schutz）的"世界生活"概念研究》，都涉及赫勒的思想。1987 年，Heller's Thoughts on Daily Life 一文是理查德·沃林在 Theory and Society 中的发表的，他在文章中系统阐释了赫勒对日常生活批评的相关理论。后来，加西亚·波罗（García Polo）和玛丽亚·热苏斯（María Jesús）于 1997 年共同撰写了赫勒对日常生活社会学的贡献。2000 年，米切尔·加德纳发表了《〈日常生活〉的批判》（Criticism of Daily Life），其中讨论并评估了赫勒和许多哲学家的日常生活理论。2002 年，克利福德·G. 克里斯琴斯（Clifford G. Christians）发表了《赫勒的社会伦理》（Heller's Social Ethics），其中讨论了赫勒的日常生活的重要性。

3. 对赫勒道德哲学、现代性理论的研究

Heller's Crown of Thorns 一文于 1999 年发表，作者马里奥斯·康斯坦丁诺（Marios Constantinou）考察赫勒的道德哲学，阐明了赫勒的道德人类学使命是探索非破坏性的现代性。约翰·伦德尔（John Rundell）于 2000 年发表的 Postmodern Ethical Conditions – Dialogue with Heller 一文，详细论述了赫勒的

后现代视域下的道德哲学伦理思想；萨姆·宾克利（Sam Binkley）和唐·斯莱特（Don Slater）在 2002 年共同撰写了《历史想象的存在主义：圆桌会议》（Historical Imagination of Existentialism: Round Table），文章比较和梳理了赫勒和伯曼（Berman）在道德伦理及其他包括消费等方面的相关理论。2003 年，随着 The Core of the Budapest School: Heller's Theory of Modernity 这一著作的出版，彼得·贝尔哈兹（Peter Belhaz）在书中详细考察了赫勒的理论主体是现代性理论这一观点，同时指出了赫勒现代性理论的核心问题是偶然性。另外，关于赫勒需要理论、激进哲学、美学思想的研究。也许因为受到马克思、卢卡奇的影响，赫勒对激进哲学、需要理论、美学有许多研究著述，学者们也多有研究，但因为研究视角的问题和本书论述的范畴所限，不再一一详述。最后，关于赫勒的道德理论，还有很多学者对赫勒的研究著作，因为篇幅的关系未能一一详尽收集阐述。

综上所述，从以上国外各学者的文章和著作来看，他们对赫勒政治理论、激进哲学理论、日常生活、需要理论、现代性理论及美学等领域进行了研究和展开，因而目前国外学者对赫勒思想研究取得的成果大体可归纳为：（1）国外学者对赫勒思想的关注和研究起步时间早；（2）国外学者对赫勒诸多理论给予的关注度极高，基本涵盖了赫勒的所有研究领域著作，具体包括：《道德哲学》（Moral Philosophy）、《日常生活》（Daily Life）、《现代性理论》（Modernity Theory）、《历史理论》（Historical Theory）、《政治哲学》（Political Philosophy）、《美学》（Aesthetics）等；（3）国外学者对赫勒理论研究的深入度方面，大多是深入其论述逻辑，对其观点进行论证与辨析。国外学者大部分的文章是以赫勒相关理论的阐释、分析为起点，进而展开，最终论证其各自不同理论观点的过程。

目前国外学者对赫勒思想的研究存在的不足有以下两点。

第一，对赫勒"超越正义"理论的研究不足。综观国外这些学者的学术研究，我们大体可以了解到他们基本是集中在各自理论的问题讨论，论述中仅仅是部分内容涉及了赫勒的正义理论，学者们的研究热点和视角并没有集中于赫勒正义理论，比如哈里森的文章《激进哲学和现代性理论》（Radical Philosophy and Modernity Theory）以及格鲁姆雷的《现代世界的"世俗"：赫勒与阿伦特》（The "Secular" of the Modern World：Heller and Arendt）一文，对赫勒的正义理论关注度不高。

第二，在国外学者的诸多研究中，没有凸显赫勒正义理论背后的深层次的个人因素。如赫勒在二战期间所遭受到的非人道主义待遇、人生坎坷挫折的背后所包含的社会现实和正义吁求的深刻意义，没有得到学界的重视。因而，国外学者对赫勒正义的研究不够系统和深入，赫勒正义理论的社会现实性被诸多学者忽略了。

1.2.2 国内研究动态述评

国内对赫勒思想的研究热潮，最早起始于20世纪80年代初学界对赫勒《日常生活》理论的研究，继而拉开了了解和认识赫勒思想的序幕，学者们的研究热情一直在持续之中。

首先，是对赫勒的著作文本的翻译出版。赫勒如一棵学术界的常青树，硕果累累，她的著作中文译本，按照时间的顺序主要有：《文艺复兴的人》（Renaissance Man，1967）、《走向马克思主义价值理论》（Towards the Marxist Theory of Value，1972）、《马克思的需要理论》（Marx's Theory of Needs，1976）、《历史理论》（Historical Theory，1982）、《对需要的专政》（Dictatorship of Need，1983）、《日常生活》（Daily Life，1984）、《超越正义》（Beyond Justice，1987）、《道德哲学》（Moral Philosophy，1990）、《现代性能够幸存吗？》（Can Modernity Survive?，1990）、《历史哲学片段》

(*Historical Philosophy*, 1993)、《生态政治学：公共政策和社会福利》(*Ecological Politics: Public Policy and Social Welfare*, 1994)、《现代性理论》(*Modernity Theory*, 1999)、《混乱的时代》(*Chaotic Era*, 2002)、《审美哲学》(*Aesthetic Philosophy*, 2004)，《"犹太问题"的不可解性》(*The Incomprehensibility of the "Jewish Question"*, 2004)，《不朽的喜剧：漫画现象在艺术、文学和生活》(*Immortal Comedy: Comics in Art, Literature and Life*, 2005)，《"今天的历史小说"在匈牙利》(*"Today's Historical Novels" in Hungary*, 2011)等。其中，1990年，赫勒的《日常生活是否会受到危害？》(*Will Daily Life be Harmed?*)、《卢卡奇的晚期哲学》(*Lukács' Late Philosophy*)分别在《国外社会科学》《哲学丛书》被译介过来，多达40余本。

其次，是关于赫勒正义理论的研究。从已发表的成果来看，目前关于赫勒正义理论的研究成果可分为著作和学术论文。赫勒的《超越正义》(*Beyond Justice*)由文长春于2011年译著，译者在该著作的开头序言部分，对赫勒按照社会发展阶段（传统社会正义和后现代社会正义）划分正义概念进行了阐述，并讨论了赫勒正义理论的最终价值：总的来说，文长春对赫勒《超越正义》的翻译为国内学术界研究赫勒的正义理论开辟了道路。赵司空在2013年出版了《后马克思主义与后现代的乌托邦》(*Post-Marxism and Postmodern Utopia*)一书，该书的部分章节讨论并总结了赫勒关于后现代社会中人的生活实质是以道德生活为目的的理想生活世界，从本质上来看其实是一种美好的乌托邦的理想。略有不足的地方为，该著作没有关注赫勒对马克思的批评，从这个层面上来看，作者并没有真正突出赫勒的理论对于马克思主义意识形态传统中的立场和意义。

国内关于赫勒理论的学术论文主要有少数主题关于赫勒正义的学位论文和数篇期刊论文。如范晶的《阿格妮丝·赫勒的正义思想研究》认为，在传统社会中静态正义的规范和规则已经失去效用，因而赫勒指出：现代性肇始以来正义已经趋于动态化,所以实现正义需要诉诸自由和生命这两个普遍的终极价值。同时,现代性的发生中出现了伦理政治正义的悖论,使其趋向不完备的伦理政治正义,所以,赫勒不完备伦理政治正义构建的是最佳的社会政治世界,而正直的人是赫勒实现正义的主体。❶ 魏金华的博士论文《赫勒正义理论研究》,详细解释了赫勒"超越正义"的理论。值得注意的是,魏金华强调了赫勒的正义理论在东欧新马克思主义意识形态中的重要性,它丰富了正义理论的研究范式,突出了赫勒正义理论的理论范式。❷ 刘爽的博士论文《赫勒正义理论的批判性研究》认为:在赫勒看来,马克思的正义理论是现代正义理论的一种,但它仍旧停留在自由主义的叙事框架中,作者提出,对赫勒的研究应该回到马克思的理论境遇中。❸

相关的期刊论文有:2011 年文长春发表《超越正义,回归多元生活世界》一文,文长春在其论文中阐释了正义问题一直在西方政治哲学、社会哲学、伦理哲学研究中处于重要地位,赫勒正义理论研究的最终目的是超越正义,回归良善生活。❹ 2015 年 10 月《学术交流》刊登了魏金华的《超越正义、回归多元良善生活——阿格妮丝·赫勒正义理论解读》一文,她认为正义是政治哲学中研究的主题,赫勒的目标是超越正义,回归微观的良善生活,而良善生活的三个构成要素能够帮助我们实现超越正义的目标。❺ 2016 年 9 月,文长春在《学术交流》发表《普适正义的批判与超越——东欧新马克思主义正义思想论衡》一文,他认为现代性开启,普适正义的"祛魅"在所难免,面对普适正义的现代性危机,东欧新马克思主

---

❶ 范晶:《阿格妮丝·赫勒的正义思想研究》,西北师范大学硕士学位论文,2018 年。
❷ 魏金华:《赫勒正义理论研究》,黑龙江大学博士学位论文,2015 年。
❸ 刘爽:《赫勒正义理论的批判性研究》,东北师范大学博士学位论文,2017 年。
❹ 文长春:《超越正义,回归多元生活世界》,《求是学刊》2011 年第 4 期。
❺ 魏金华:《超越正义、回归多元良善生活——阿格妮丝·赫勒正义理论解读》,《学术交流》2015 年第 10 期。

义者赫勒认为，正义的实质内容在于日常生活本身，正义是骨骼，良善生活才是血和肉。❶ 2016 年 10 月张笑夷在《中国社会科学报》发表《赫勒论现代人的良善生活》一文❷；2017 年 6 月文长春在《中国社会科学报》发表《超越正义何以可能——赫勒基于历史类型学的考察》一文，论述了赫勒对正义所作的历史学和现象学诠释，为当代正义论与政治哲学批判提供了东欧新马克思主义的独特视角。❸ 2017 年 8 月在《学术交流》中，东欧思想文化研究·布达佩斯学派政治哲学研究专题发表了 2 篇中文译作。一是《阿格妮丝·赫勒〈超越正义〉刍议》由［美］琼·科恩写作，文长春译，科恩指出：赫勒基于哈贝马斯的话语伦理提出了一种不完备的伦理政治规范和规则可以合法地构建一个共同的规范基础；通过将话语伦理关联性限制在社会—政治的规范方面，赫勒忠实于道德与法律的分化。然而，赫勒对一种先于话语商谈的至高价值共识的要求，削弱了她以道德与正义之间的特有差异而开始的起点。❹ 二是《不完备的美德——论阿格妮丝·赫勒〈超越正义〉》由［美］迈克尔·沃尔泽（Michael Walzer）写作，马艳玲译，作者认为赫勒在《超越正义》中独到地诠释了"不完备"，不存在某种唯一的最好方式，正义不在于某种具体结果，也不在于商谈者具体说了什么，而在于一个理想的民主决策程序。不同环境里不同人们的对话会作出不同的决策，我们必须理解和包容生活方式及价值观的差异。❺

再次，关于赫勒其他理论的研究。

---

❶ 文长春：《普适正义的批判与超越——东欧新马克思主义正义思想论衡》，《学术交流》2016 年第 9 期。

❷ 张笑夷：《赫勒论现代人的良善生活》，《中国社会科学报》2016 年 10 月 27 日第 4 版。

❸ 文长春：《超越正义何以可能——赫勒基于历史类型学的考察》，《中国社会科学报》，2017 年 6 月 29 日，第 4 版。

❹ ［美］琼·科恩：《阿格妮丝·赫勒〈超越正义〉刍议》，文长春译，《学术交流》2017 年第 8 期。

❺ ［美］迈克尔·沃尔泽：《不完备的美德——论阿格妮丝·赫勒〈超越正义〉》，马艳玲译，《学术交流》2017 年第 8 期。

（1）关于赫勒日常生活理论的研究。国内的学者们对赫勒日常生活理论比较关注，因而就此所积累的对于赫勒日常生活理论的学术和研究成果非常丰富，具体有：2010年李霞的《个性化的日常生活如何可能——赫勒日常生活理论研究》，从价值学的角度分析赫勒的日常生活理论重点在于培养日常生活主体的反思和批判精神。❶ 2011年王秀敏的《阿格妮丝·赫勒的"个性道德"内涵分析》，从探索道德情境的角度出发，研究赫勒的日常生活理论。❷ 2011年，杜红艳的《日常生活人道主义化——关于卢卡奇和赫勒日常生活的批判理论》从审美层面研究了赫勒的日常生活理论❸；上海复旦大学陈学明教授的《让日常生活成为一件艺术品：列斐伏尔、赫勒的日常生活理论》认为，列斐伏尔和赫勒的日常生活批判理论对于中国的转型具有重要的借鉴意义。❹ 如此等等，以上学者的著作和文章对赫勒的日常生活理论进行了极具价值的研究和阐释。

（2）关于赫勒道德与伦理学理论的研究。关于赫勒道德理论，王秀敏集中对赫勒的个性道德与理论诉求，以及道德理论核心问题进行了系统分析和阐释，出版了一系列著作。如王秀敏的《个性道德与理性秩序：赫勒道德理论研究》(Personality Morality and Rational Order: Study on Heller's Moral Theory)，她对赫勒道德理论内容进行比较详尽的阐释，通过对道德个体合法性的探寻，对赫勒道德理论展开了理论反思。❺《阿格妮丝·赫勒的道德理论诉求》《阿格妮丝·赫勒的人类条件理论及其价值》《赫勒关于

---

❶ 李霞：《个性化的日常生活如何可能——赫勒日常生活理论研究》，北京师范大学博士学位论文，2010年。

❷ 王秀敏：《阿格妮丝·赫勒的"个性道德"内涵分析》，《国外社会科学》2011年第5期。

❸ 杜红艳：《日常生活人道主义化——关于卢卡奇和赫勒日常生活的批判理论》，《学术交流》2011年第3期。

❹ 陈学明：《让日常生活成为一件艺术品：列斐伏尔、赫勒的日常生活理论》，云南人民出版社1998年版。

❺ 王秀敏：《个性道德与理性秩序：赫勒道德理论研究》，黑龙江大学出版社2011年版。

理性化进程中道德规律重建的思考》等都对赫勒的道德理论有深入的分析。❶ 其他的学者如赵司空从解放理论的角度探讨了赫勒的伦理学研究，并立足于批判视角来分析赫勒伦理思想的不足，如他在2015年发表于《学术月刊》的《阿格妮丝·赫勒个性伦理学及其悖论》一文❷，等等。

（3）赫勒的后现代性理论研究。我们知道，现代性理论一直是近代以来无数哲学家和思想家研究的主题之一。西方马克思主义、东欧新马克思主义等马克思的思想追随者都给予了现代性高度关注。赫勒尤其如此，她的现代性理论在理论高度和现实意义上回应了现代的各种社会问题，因而构建了赫勒自己独具特色的现代性思想，因此其后现代性理论研究也是学界热点。如学者赵司空在《后马克思主义与后现代乌托邦》一书中认为，赫勒后现代思想是一个不断发展的过程，同时赫勒的现代性理论还与正义、历史哲学等理论存在相互联系、交叉的文化哲学内在关系。❸ 还有范伟的《历史哲学现代性回顾：赫勒后期思想研究》一书主要研究和定位了赫勒的后期历史哲学思想。❹ 国内的诸多学者对赫勒的现代性理论作了深刻研究，在此不再赘述。

最后，关于赫勒美学理论、需要理论的研究。如当代学者四川大学的傅其林教授的《阿格妮丝·赫勒审美现代性思想研究》，以现代性为视点，深入浅出地分析了赫勒审美现代性思想的图景，他对于把握和理解当代美学和现代性危机等，有着建设性的启发意义，呈现了赫勒的审美文化批判和重建美学的思想，清晰地体现了赫勒美学思想中的深刻性。❺ 其他如学

---

❶ 王秀敏、张国启：《阿格妮丝·赫勒的道德理论诉求》，《道德与文明》2009年第5期；王秀敏：《阿格妮丝·赫勒的人类条件理论及其价值》，《中外文化与文论》2011年第1期；王秀敏：《赫勒关于理性化进程中道德规律重建的思考》，《求是学刊》2010年第1期。
❷ 赵司空：《阿格妮丝·赫勒个性伦理学及其悖论》，《学术月刊》，2015年第9期。
❸ 赵司空：《后马克思主义与后现代乌托邦》，上海社会科学院出版社2013年版。
❹ 范伟：《历史哲学现代性回顾：赫勒后期思想研究》，黑龙江大学出版社2015年版。
❺ 傅其林：《阿格妮丝·赫勒审美现代性思想研究》，巴蜀书社2006年版。

者李晓晴的著作《激进的需求和理性的乌托邦——赫勒的激进的需求革命性研究》(Radical Need and Rational Utopia—Study on Heller's Radical Needs Revolutionary),作者就赫勒需要理论的研究作了系统梳理❶,等等。同时,赫勒其他思想理论散见于关于赫勒的历史理论研究,如范为的博士论文《一种作为现代性批判的历史哲学》❷等,在这里,不再细致一一展开。

综上所述,国内众多学者对赫勒正义理论作了一定程度研究,成果虽不算丰富,但为更深入地研究赫勒正义理论提供了宝贵资料,当然其中仍存在片面和不足,需更多学者加以深刻的研究和拓展。

(1) 对于东欧新马克思主义的研究,存在跟国外研究相比起步较晚的境况,因而目前其理论研究没有匹配赫勒的国际学术地位,关于赫勒各理论研究的学术成果也较国外滞后,赫勒的大部分著作还是处于被翻译成文本的现状。

(2) 国内学者对赫勒正义理论体系内容进行了梳理和相关理论的分析阐释,甚至有些学者从批判的角度对赫勒思想进行分析和反思,指出赫勒正义理论的乌托邦归宿,但是他们忽略了赫勒的正义理论与马克思的正义理论之间存在共同的对社会现实和社会正义的人文主义关怀,而且其共同的宗旨就是——实现人的自由、生命和价值的解放,将之作为最终的理想归宿。正如赫勒所指出的:"哲学是一座哲学家管理的城池。一座想象之城很容易被管理:一个人梦想的东西可以被梦想为完美的。但是想象因经验而助长,哲学想象亦如此。"❸ 因而,有关社会正义的讨论始终包含着赫勒对社会和人文的关怀,如果把赫勒的正义思想看作乌托邦的归宿,这在一定意义上歪曲了赫勒正义思想的理论关怀,是不合理的。

---

❶ 李晓晴:《激进的需求和理性的乌托邦——赫勒的激进的需求革命性研究》,黑龙江大学出版社 2011 年版。
❷ 范为:《一种作为现代性批判的历史哲学》,2012 年黑龙江大学博士学位论文。
❸ [匈] A. 赫勒:《道德哲学》,王秀敏译,黑龙江大学出版社 2014 年版,第 116 页。

（3）诚然，理论关怀的背后就是社会现实问题，对于今天的我们来说，就是当下中国的社会正义问题，但由于赫勒的正义理论是基于苏东社会正义理论历史背景下的社会批判理论之果，因而其理论对社会实践的忽视、对具有良好美德的公民的过度倚重、对社会制度的重要性的忽略等一系列问题都将面临理论难点，所以我们不宜贸然采用和复制她理想的最佳社会生活世界构建的正义范式，而应从社会主义制度的本质特征出发，为纠正当前社会中的各种享乐主义和拜金主义盛行、伦理道德的不重视等不正义现象提供一种思考和借鉴。

1.3　本书研究思路和研究方法

1.3.1　本书研究思路

本书的写作视角依据是在马克思的辩证唯物主义和历史唯物主义思想指导下，从而对赫勒的各著作、文本进行深度剖析，力图清晰展示赫勒思想全貌，厘清其内在框架结构，将其理论和现实价值指导和解决我国当前社会中出现的现实问题的构想。全文除第1章绪论和结语外，其他包括了6个章节的内容。第2章、第3章主要分析了赫勒"超越正义"理论的缘起，包括时代背景、思想渊源及形成过程，阐释了从正义到"超越正义"：赫勒"超越正义"理论的逻辑内涵；第4章、第5章、第6章分别是从"超越正义"与正直的人、"超越正义"与现代性危机之消解、"超越正义"与良善生活的三重逻辑层面指向：起点—中介—旨归对赫勒正义理论进行阐述；第7章对赫勒"超越正义"理论作多方位的评析，进行了学术价值、思想困境及现实借鉴意义的深层解读。

本书的总体脉络大致如下：绪论部分阐述了选题来源意义等；接着分析了赫勒生活的时代背景，根据她当时所生活的社会背景、独特的个人生活经历及其思想发展的历程，对赫勒正义理论发展的思想渊源进行了溯源考察；进而对赫勒正义理论及其内在三重逻辑进行了解读和分析，接着对赫勒正义理论进行了学术价值的分析，最后分析了赫勒正义理论的超越、局限以及现实借鉴意义。

1.3.2 本书研究方法

具体来说，本书采用的研究方法有如下五种。

第一，采用文本研究的方法。对于赫勒著作的研究是本书写作的研究基础，也作为最重要的研究方式。本书的重点内容在于阐释赫勒继承和发展马克思解放和发展人的终极目标的思想，但是赫勒是以道德哲学中的至善思想、对美好生活世界的构建、实现"超越正义"来构建其正义理论。本书基于对赫勒著作的大量阅读和马克思主义的经典文本的查阅，深度解读其著作及相关国内外文献，从中找出对我们有现实价值的理论和观点，用以支撑本书的内容写作。

第二，采用比较的方法。赫勒正义理论是在继承马克思主义正义思想基础上逐步形成的，赫勒在《超越正义》一书中，也对康德、黑格尔、马克思、罗尔斯、哈贝马斯等思想家的正义理论进行了论述和比较，以完善其"超越正义"理论，所以对赫勒的正义理论的研究也必须将其置于正义思想的溯源研究中、与其他西方学者的观点进行分析和比较，这可以使我们更加清晰地理解赫勒的学术理论及其主要观点。

第三，采用历史背景研究的方法。赫勒正义理论的构建是基于20世纪特定社会历史的复杂变化的背景，因而要具体详细地掌握赫勒正义的主体思想，就需要我们展开对该社会历史背景下的社会现状的分析，从而深刻揭示该理论所具有的时代特征。

第四，采用辩证分析的方法。本书的立足点是对赫勒正义理论的分析和阐释，具体运用了马克思主义的辩证分析的方法分析其正义理论，因而使贯穿于全文的逻辑脉络清晰、思路结构合理。

第五，采用将理论与实践相关联的方法。赫勒正义思想中最具有理论闪光点的地方具体体现为：对后现代社会中的人性道德构建和培养的关注。在当前个人享乐主义盛行和金钱至上的道德现状中，赫勒的道德至上的理论对构建当代中国社会的道德品质及实现正义具有积极的理论启示和借鉴意义。

1.4　本书拟解决的关键问题以及创新点

1.4.1　本书拟解决的关键问题

本书力图解决以下诸问题：

（1）确立赫勒正义理论的思想渊源，以及它与马克思主义思想之间的关系。

本书首先对赫勒正义理论来源进行了深入解读，厘清她的"超越正义"理论中"道德至上"的思想渊源是来自古希腊柏拉图诸多思想家道德伦理的传承与发扬，阐明其"超越正义"理论是对马克思正义理论的继承和发扬这一关系及立场。同时，本书展开对赫勒正义理论的形成过程的梳理，着力于凸显赫勒的"超越正义"理论的历史意义及其理论的特殊价值。

（2）本书建立的逻辑论证基础是赫勒关于正义概念的阐释是依据社会历史阶段进行的划分，笔者以此为起点展开论述。

赫勒将各种正义理论概念按照历史阶段予以划分和界定，在这样的前提条件下，本书以"从正义到超越正义"的逻辑内涵为中心一层紧扣一层地对赫勒的正义理论进行详尽的论述和阐释，从而展开本书的逻辑阐释："超越正义"与正直的人、"超越正义"与现代性危机，以及"超越正义"与良善生活，从而为后文进一步展开对赫勒构建的"良善生活可以超越正义"的正义理论的研究奠定基础，便于我们深入理解和拓宽本书的研究视域。

（3）进一步展开对赫勒"超越正义"理论中道德域等理论的阐释和思考。

众所周知，无论是何种类型的社会，或者任一历史阶段的社会，人总是社会的主体，这也是本书展开赫勒"超越正义"理论的阐述所需要讨论的核心主题。而在后现代社会历史条件下，现代性的发生使过去传统社会的道德伦理不再成为后现代社会的主流道德传统，因而现代性危机的消解需要实现"超越正义"。赫勒对正义理论的研究，是以人的个体道德伦理的建设和最佳社会生活世界的向往为目标，因而形成赫勒正义理论研究范式的别具一格、超凡脱众。赫勒对个体道德行为的培养和对道德生活的主体至上理想的构建，也彰显着在后现代状况下她作为一个关注社会现实的哲学家，对现代个体在自由和生命价值意义上的一种要求。这是她对后现代状况下人的生存状况的忧虑和向往，同时也是现代性对自身的反思，因而，赫勒对后现代主义抱有的这种理解，对于人类的生存和发展，对于我们现在的经济高速发展但是人的道德滑坡、现实金钱至上和享乐主义盛行等困境的当下社会，值得我们深度思考。

（4）本书将加强对正义理论问题域的拓展。

本书将赫勒"超越正义"理论问题放在古今中外纵横交错的历史系统中加以考察，以加强我们对正义问题理论研究视域的进一步延续和伸展，从而帮助我们正确认识包括西方正义理论、西方马克思主义正义理论、马克思主义正义理论及赫勒正义理论等众多正义理论间的千丝万缕、错综复杂关系，例如，赫勒正义理论与马克思主义正义思想、赫勒正义理论与西方正义思想之间存在的关系，等等。在此理论意义辨析的基础上，本书力图突出赫勒"超越正义"理论对中国当下经济和社会发展的现实借鉴意义。

1.4.2　本书的创新点

赫勒的正义理论是对后现代社会下当代西方资本主义社会现实的批判和理论回应。本书选取赫勒"超越正义"理论展开研究，在对赫勒正义理论进行系统阐释和具体梳理的过程中，努力尝试从三个方面力求创新。

第一，力图研究视角和研究方法的创新。本书以赫勒"超越正义"理论为研究主题，以解读赫勒"超越正义"理论的时代背景为出发点，进而追溯其理论的思想渊源，接着阐述了赫勒正义理论在不同的历史时期不断发展及形成的过程；本书的主要脉络是对赫勒正义理论形成、内容等进行系统的梳理和分析，力图在一定层面上避免国外研究的片面性、不全面的状态。

第二，力图内容的创新。"比较出真知"，为了便于更详尽地阐释赫勒的理论观点，本书在对其内容予以深度阐释的基础上，分析了她的正义理论对于拓展正义问题研究视域的启发意义、与西方正义思想之间的比较与超越、与马克思主义正义思想之间的密切联系，以及对苏联、东欧社会正义理论和实践的反思等，这既有利于呈现赫勒正义理论的独特性，又将其正义理论置于马克思主义视域及苏联、东欧社会历史背景下进行分析，通过这样的研究方法，力图拓展赫勒正义理论研究的新路径。

第三，本书最后的落脚点是中国的当前现实问题。赫勒的正义理论是基于西方政治哲学视域之下的，无法直接用于指导中国当前社会出现的各种问题，但是赫勒的正义理论中蕴含着对社会正义问题的反思和探索，因而，我们可以汲取其合理部分，为我们构建中国社会的正义和中国梦的实现提供有价值的参考和借鉴。

第2章 赫勒"超越正义"理论的缘起

在正义的庇荫下，人们忘记了许多苦痛。心灵中充满了信念和桑葚酒的芳香。那些不懂歌词意思的人为曲调而欢乐。但是光明隐蔽着，天空还清澈吗？❶

——[埃及]纳吉布·迈哈福兹：《平民史诗》

任何社会类型中的关于社会正义的理论，都是该时代境遇下政治、经济、思想文化诸多综合因素的历史结果。"正如德国哲学人类学家蓝德曼提出一组著名的命题：人是文化的存在；人是历史的存在；人是传统的存在；人是社会的存在。"❷ 即人类社会的存在不仅是当时历史和时代的产物，也受到文化、传统等各种外在因素的影响。因而，正义思想作为一种综合性的理论始终密切联系着该时代背景下的社会政治、经济、思想文化等因素。

---

❶ [埃及]纳吉布·迈哈福兹：《平民史诗》，李维中、关偶译，湖南人民出版社1984年版。

❷ 赵威：《罗尼·佩弗的社会正义论研究》，华侨大学博士学位论文，2017年，第23页。

2.1 赫勒"超越正义"理论的时代背景

作为西方马克思主义创始人卢卡奇的学生、东欧新马克思主义的代表性学者、布达佩斯学派重要领军人物之一的阿格妮丝·赫勒,其"超越正义"理论形成的历史条件,是二战后的东欧各国在苏联的帮助及影响下先后建立了社会主义国家,苏联社会主义国家模式在政治管理中采取的模式使得民主成了空话。因此,对当时现实状况困境的思考以及对社会政治管理模式的反思,使社会正义理论成为当时的哲学家及思想家们关注的政治热点。而赫勒作为布达佩斯学派的领军人物之一,对当时社会的深刻反思,鲜明地反映在她的正义思想的形成过程之中。

2.1.1 二战后东欧社会政治生活的状况

我们对东欧各国的大致了解是:东欧各国是在 20 世纪的前半叶先后走上了社会主义道路。在二战之前,它们的政治、经济、文化或外交等基本上与苏联没有多少交集,那么何以在二战后的短暂时间内就转向了苏联,进而在国内甚至在国家政治社会模式上开始采用苏联模式了呢?这是因为:东欧各国是在苏联的支持与帮助下取得了反法西斯斗争的胜利。随着 1939 年 9 月 1 日德国进攻波兰,爆发了第二次世界大战,二战的战火也迅速扩散到了东欧各国,然而在国家人民存亡的危急关头,东欧许多国家的政府领导人无招架之力。而当时的共产党因为受到了苏联红军的帮助,义不容辞担起了拯救东欧各个国家命运的重任。"苏联见义勇为,在政治上、道义上和经济上给予东欧国家大力援助,使这些国家建立了人民民主政权,捍卫了自己的独立和自由。"❶ 后来随着苏联成了二战的战胜国,"苏联模式"被"嫁接"到了被苏联"解放"的东欧国家中,并因而形成了欧洲的社会主义阵营。这个阵营包括一大(苏联)和六小(波兰、捷克斯洛伐克、匈牙利、罗马尼亚、东德、阿尔巴尼亚)。"苏联模式"的"嫁接"从最初起,就有着理想和现实之间的矛盾,因为东欧各国内部一直存在着要求民族国家独立和要求摆脱他国控制的政治和经济诉求。所以,自1950年以来,东欧各国就开启了寻求自己国家的政治和经济独立的主张之路。随着1956年发生的一系列事件,比如波兰、匈牙利事件,还有1968年发生在捷克的"布拉格之春"等一系列事件,东欧各国先后发生了对本国在斯大林时代由苏联扶持的领导人的不信任运动。东欧各国出现的这些社会动乱,是反对苏联大国控制、要求民族独立和国家独立、要求民主自由的多种思潮的汇合。东欧发生的这些政治事件冲突,以及中苏关系的破裂,反映出无论是"苏联模式"的本身,还是苏联对社会主义"阵营"的控制,都存在着深层的社会矛盾和政治危机。政治冲击背后的深层矛盾和危机,也是由于当时"公有制计划经济体制"的运行没有建构完善的制度。这种体制在战后恢复重建和集中力量发展工业化方面表现出一些优势,特别是苏联在战后重建国民经济和工业化方面有着良好的表现。比如,苏联在人造卫星和实现载人航天的率先突破和综合实力发展成为"超级大国",都证明了这种体制的阶段合理性和一些方面的阶段性发展优势,但是计划经济在发展上的僵化或不够灵活,面对具体社会问题时所产生的矛盾越来越多。"政治冲击"也反映出原社会主义阵营在各国的政治体制下,处理这种"同志式"的国家关系的困境,各国之间的关系也麻烦不断。这样的关系是无法长期维持的,东欧各国挣脱苏联的控制也是早晚会发生的事情。

因而,当时的政治和社会现状的境况,催生了一批研究和批判"苏联

---

❶ 姜辑、张月明:《东欧三十五年》,华东师范大学出版社1986年版,第8页。

模式"社会主义的理论思潮，布达佩斯学派就是这些理论中的思潮之一。自 20 世纪中后期（尤其是 1956 年苏共二十大之后），在东欧社会主义国家如南斯拉夫、匈牙利、波兰等国的知识分子开始了一场旨在对当时的国家社会政治管理模式的思考和研究，因而在当时的学界出现了被称为东欧新马克思主义的"人道主义马克思主义"的思潮。其基本思想内容是：其一，立足于青年马克思思想，凸显马克思主义及其现实社会主义（共产主义）运动的人道主义；其二，该学派与兴起于 20 世纪二三十年代的西方马克思主义的创始人之一卢卡奇之间过从甚密，有着直接的学术交流和互动，这一点尤其明显地表现在东欧新马克思主义对于以卢卡奇为代表的西方马克思主义的人道主义的传承，甚至在一定程度上来看，都可以认为"东欧新马克思主义就是西方马克思主义中的人道主义（人本主义）一派在东欧的翻版。他们是从青年马克思和卢卡奇早年思想中寻找学术资源"[1]。因而要突破这种当时的苏联模式"专政"，反对教条主义，并非简单地"返回"或者"回归"马克思主义，而是要重新思考和解决过去被歪曲和被忽视的许多问题，必须回到思考社会正义的理论中来。

2.1.2 二战后东欧社会经济状况的新矛盾

众所周知，"苏联模式"其实是一个包括政治体制、经济体制、文化教育体制、外交体制等综合性的社会发展系统，但其核心是政党体制。苏联取得二战的胜利后，东欧各国成为苏联的势力范围，东欧各国共产党也先后在国家政权中取得了领导地位，苏联的核心地位已经确立，在这样的时代背景下，东欧各国在 1949—1953 年逐步复制苏联的经济模式。而当时

---

[1] 赵司空：《后马克思主义与后现代的乌托邦：阿格妮丝·赫勒后期思想述评》，上海社会科学院出版社 2013 年版，第 14 页。

东欧各国的现实经济状况是：在二战胜利后，新的人民民主专政首先在经济上进行了民主化改革，对有关国计民生的重要工业进行国有化，但没有追求单一的公有制，而是国营、私营、个体等多种所有制共存，只是国营企业在国民经济中占主导地位。在这样的背景下，东欧国家主要采用的是与苏联同样的计划管理体制，但东欧各国基本都是农业国，经济发展水平不高，而且还存在不同程度的封建残余。东欧各国的农民"是相当保守的，他们既对革新备有戒心，又对'主义'疑神疑鬼。他们是顽强的个人主义者，有着强烈的占有欲和对私有制的依恋"❶。当时东欧各国的工商业不发达，并且主要被与外国相勾结的大资本集团所控制，因而，二战结束后初期东欧各国面临的主要是如何解决农民的土地问题，但当时东欧各国的共产党为了保证"苏联模式"在东欧的严格控制，分别在 1948—1954 年展开了内部的政治"大清洗"和政治审判等运动，使广大东欧国家民众产生了对"苏联模式"极大的消极印象。

  根据我们的了解，尽管二战苏联取得了最后胜利，斯大林为了能实现与美国、英国在军事上保持长期抗衡的局面，采用了发展军事重工业的政策，但是当时的苏联经济相对落后，斯大林即使创造了重工业的历史奇迹，也避免不了经济发展失衡给人民社会生活带来巨大负荷，因而苏联人民对此产生了极大不满。而在二战结束后的初期，苏联的经济模式被在东欧的社会主义国家进行推广和最初确立，那时的"苏联模式"对东欧各国来说，其实是一个交织着兴奋与困惑、一致与矛盾的过程。兴奋是这种模式在初期的正面效应使处于恢复和初期发展的东欧各国异常鼓舞；困惑是由于"苏联模式"与东欧各国国情存在不适应甚至冲突的地方。同时，还由于"苏联模式"在东欧各国的确立带有很浓的控制色彩。而且，在苏联模

---

❶ [捷] 爱德华·塔波尔斯基：《共产主义在捷克斯洛伐克（1948—1960）》，何端丰、徐式谷译，世界知识出版社 1965 年版，第 406 页。

式化的过程中，对全盘照搬"苏联模式"和全面接受苏联控制，东欧各国共产党内部有着不同的政见，有一些人主张走有本民族特色的社会主义道路和保持自己的独立性。对于苏联和东欧国家中积极推进"苏联模式"的人来说，这些持有不同政见的人就成了苏联模式化道路上的障碍。

因而可以说，"苏联模式"自产生起就内含了诸多发展弊端，也并不完全适用于当时的东欧各国寻求发展的迫切社会政治现状，以致于后来发生了一系列的政治事件，如1953年6月1日捷克斯洛伐克的比尔森事件、1953年6月17日民主德国的东柏林事件和1953年6月初匈牙利的切尔佩事件等。这些事件虽然发生在不同的国家，但有很强的相似性，而且它们的起因都是由于经济问题。比如，比尔森事件是比尔森的斯柯达工厂5000多名工人罢工，以抗议政府进行货币制度改革；东柏林部分建筑工人为抗议政府将劳动定额提高10%而举行了罢工；切尔佩钢铁厂20000多名工人罢工，要求增加工资和改善食品供应状况；等等。这些事件的发生看起来是偶然，其实是"苏联模式"被强制"嫁接"在东欧各国而产生"水土不服"的必然结果。例如，切尔佩事件中的工人们在抗议和罢工中高呼"我们不能忍受这种掠夺""我们要求一个新政府！我们要求自由选举！"等口号，而且工人们冲进市政厅，将苏联国旗、文件和斯大林的画像扔到广场上焚烧。东柏林的罢工者不仅要求增加工资，还提出"撤走苏联占领部队"等政治性要求。这些事件虽然被当局镇压了，而且驻民主德国的苏联军队还出动了坦克，但带来的社会影响力是不可估量的。从表面上看，这些事件的发生，好像都是工人们对自己生活状况的诉求，大多是为了改变生存状态，但这背后体现了社会最深刻的矛盾和问题：这些事件的发生都缘于这些国家的人民对"苏联模式"的强烈不满，以及他们对本国民族、国家独立的要求！正如当时的南斯拉夫记者米利伏耶维奇所说："斯大林时代已使波兰陷入了这样一种境地：它的整个特有的社会本质，它的全部特征，它的社会生活和文化生活的多样化，都要安放在这种制度的'普罗克鲁特床'中。这既不适合波兰的躯体，也不适合它的气质。"❶

2.1.3 二战后东欧社会深层文化危机及对现代性的反思

如前文所述，二战后东欧各国在"苏联模式"下产生了一系列的危机。二战后"苏联模式"下的东欧各国的文化，其实也如同各国的经济和政治状况，处于一种高度专制的境地。而东欧各国处于东西方两种文明类型的交汇处，就西方文明而言，具体来说，它是"由古希腊城邦政治结构和公民文化、古代罗马共和精神和法律传统、中世纪基督教政治价值观和二元化权力体系以及日耳曼传统叠加与融合的产物"❷，而"既不属于欧洲也不属于亚洲，而是世界上非常独特的一部分"❸ 的俄罗斯文明，其特色是强调个人专制成分。受这两种截然不同文明的影响，二战后东欧的文化思想和意识形态是不同文明交汇、融合和冲突的产物，这也使东欧政治发展的道路异常曲折。而当时在这样的社会现实背景下，东欧各国在社会层面和理论界已经开始了政治上、经济上和文化上"非斯大林化"的斗争。以赫勒为代表的东欧新马克思主义布达佩斯学派的学者们面对这样的社会现状，他们通过深入研究马克思的思想理论体系深刻反思存在的社会问题。东欧各国在经历了20世纪20年代末30年代的在苏联控制下的"大清洗"之后，"苏联模式"和斯大林理论被视为神圣不可动摇的真理，而且二战之后，西方国家从罗斯福的"新政"开始，由自由竞争时期转为国家干预时期，民主体制和市场经济相对稳定发展。在严格的意识形态控制下，苏

---

❶ [南] 德·米利伏耶奇：《波兰在十字路口》，王洛林、寇滨译，世界知识出版社1981年版，第39页。

❷ 丛日云：《西方政治文化传统》，大连出版社1996年版，第7页。

❸ 孔寒冰等：《叶利钦执政年代》，河南文艺出版社2000年版，第13页。

联很多思想家、理论家和艺术家选择了离开苏联,类似的情况在东欧各国也陆续出现,一方面是由于本国的残酷现实状况,另一方面是由于理论发展的自觉性。东欧新马克思主义者也由于各自不同的原因,而选择了离开本国或者是移民,如赫勒与费赫尔,他们先是到了澳大利亚,后来移民到了美国,等等,所以东欧新马克思主义的学者们很多都散布于西方社会各国。并且他们的思想研究已经不再局限于东欧社会,而是融入了更加开阔的世界性,立足于全球化的时代背景和语境。

马克思和恩格斯根据当时的社会境况对于社会主义和共产主义的设计,都不曾预料到社会主义在苏联时期会定位成"苏联模式",社会的文化、思想等都被控制在政治的影响之下,这不是马克思、恩格斯所设想的状态。列宁的"一国胜利论",使马克思主义中的理想的共产主义,变成了斯大林手中的民族主义,使东欧各国纷纷在政治上脱离克里姆林宫。我们可以说,东欧新马克思主义布达佩斯学派就是在与斯大林的抗争中发展而来的。"东欧的独立自由诉求与苏联的大党主义、大国主义之间存在着矛盾……冲破苏联模式、摆脱苏联控制和要求独立自由就成为了这一时期东欧社会发展的一条主线。"[1]

因而,像赫勒这样出生在匈牙利本土的东欧新马克思主义者,不仅展开了对马克思人道主义的追寻,开始对道德和正义的现代性问题进行反思:为什么有些人是坏的,有些人是好的,而有些人在理智上是善的,甚至具有美德?还有好人和坏人在数量上都没有那些不好不坏的人多?等等;而且她认为在后现代社会中出现的这些现代性危机问题的解决,需要重新找回过去传统社会中的善和美德。比如,赫勒在她的《一般伦理学》中就指出:"美德是可教的。"[2] 这是因为:"每个人都拥有不依赖于经验的、与生

---

[1] 孔寒冰:《东欧史》,上海人民出版社 2010 年版,第 14 页。
[2] [匈] A. 赫勒:《一般伦理学》,孔明安、马新晶译,黑龙江大学出版社 2015 年版,第 154 页。

俱来的（genuine）道德判断力，对于依赖于经验的判断力虽然需要天才，也需要训练，但却不能存在一种真正专业化的能力。专家存在于技术那里，而在道德这里每一个人都是业余爱好者（amateur）。"[1] 所以她也客观地认识到，美德又不是完全可以被教的，只是仅仅在某些情况下是可教的，也不是每一个人都可以被教到同样的程度。她同时也认为，亚里士多德把善和美德当成一个循环的意思是：善是一个整体，不可分割。但是当普遍的民族精神消失的时候，这个善的循环就已然消失了，善就被看作过时了，所以有了这样的一个问题：善是根据规范变化而变化的，人们的善根据不同的标准，可以是不同的善。赫勒关于善和人道主义的现代性问题的反思，她义无反顾地思考时代问题的哲学家职责和担当，她的理论独特的发生背景、批判视角，在20世纪关于现代性危机理论中别具一格，不仅体现了东欧新马克思主义的立场和精神特质，而且在现代性研究中也是独树一帜，影响意义重大。

2.2 赫勒"超越正义"理论的思想渊源

在赫勒对于正义概念的论证阐述中，她所运用的理论观点和依据，有很多论述都来自对古希腊诸多西方正义思想家的观点的论证和讨论。比如，赫勒在《超越正义》一书关于"伦理政治的正义概念的"章节的内容中，指出"在柏拉图的灵魂概念中既新奇又宏大的这样一种发现，即邪恶是理性的误用……在苏格拉底时代，很明显并非如此"[2]。又如，在关于"分配正义"的论述中，赫勒说："亚里士多德创造了'分配正义'这个术语"[3]，

---

[1] [德]奥特福利德·赫费：《作为现代化之代价的道德》，邓安庆、朱更生译，上海世纪出版集团2005年版，第243页。

[2] [匈]A. 赫勒：《超越正义》，文长春译，黑龙江大学出版社2011年版，第70页。

[3] [匈]A. 赫勒：《超越正义》，文长春译，黑龙江大学出版社2011年版，第190－191页。

再如，赫勒指出，"马克思的计划更加雄心勃勃……像尼采一样，马克思成功地绕开了自由的悖论，虽然他是以一个完全不同的方式"❶，等等。综观《超越正义》一书，赫勒关于正义理论的诸多论述都是基于西方正义思想史上诸多思想家的正义理论展开的，所以，在此有必要展开对西方正义理论的追踪溯源。

2.2.1 古希腊和中世纪的正义思想

西方文明发源于东地中海，主要是爱琴海的岛屿文化（克里特—迈锡尼的爱琴文化），主要是由埃及、西亚与巴尔干半岛的周边多元陆地文化在海洋交汇而在岛屿民族中所生成的一种混合型岛屿文化。在古希腊神话传说中，美丽的少女欧罗巴被化作白牛的神王宙斯骗到了克里特岛，强行成婚，从此，姑娘的名字成了欧洲的名称。这段神话隐含着欧洲文化起源于克里特岛的内涵。美国学者房龙在《人类的故事》一书中描绘了爱琴海上往来于欧亚之间由众多岛屿串联而成的四座"岛桥"，并称"这些小岛是桥梁，把古老东方的知识和科学传播到年轻的西方"。❷ 没有克里特、希腊半岛、亚平宁半岛，整个"发展缓慢的欧洲荒原"（房龙语）的文明将趋于发展为一种东方式封闭的陆地文明，或者说今天意义上的"西方文明"将至少推迟若干个世纪才有可能出现。

我们纵观西方文化，始终飘荡着对世界、对人性无限关怀的向往和追求，其源流不能不说是与海洋、岛屿、异邦密切关联的。古罗马思想家西塞罗曾经对希腊的岛屿环境感叹道："它们被海波环绕，差不多是海岛本身连同其国家制度和习俗一起在海中游泳。"❸ 法国当代著名学者福柯认

---

❶ [匈] A. 赫勒：《超越正义》，文长春译，黑龙江大学出版社 2011 年版，第 111 - 114 页。
❷ [美] 房龙：《人类的故事》，刘缘子等译，生活·读书·新知三联书店 2010 年版，第 50 - 51 页。
❸ [古罗马] 西塞罗：《论共和国论法律》，王焕生译，中国政法大学出版社 1997 年版，第 67 页。

为："西方人逐渐懂得了……关于生存条件、生命的可能性的意义,以及可以被调整的各种力量和一个它们在其中被一种最理想的方式分布的空间的含义。"❶

历史上的古希腊罗马是一块自由的乐土,它孕育了如自由、正义、国家、民主等当代人类政治哲学的主题,并形成了早期的系统理论,且展示了其内在的线索。西塞罗认为,苏格拉底首先将哲学从上天带回了世界。苏格拉底提出"知识就是美德",正义就是一种美德,其实质也来源于知识。柏拉图理论中最重要和最基本的概念是正义,他认为正义是个人和国家的"美德"。大体上可说,他要建立的城市国家是使全体城邦的公民中所有人幸福。在《理想国》中,他对正义的定义是两种类型:城邦正义(city-state justice)和个人正义(personal justice)。他的观点是,城邦正义就表示所有阶层和从事各行业的人们都在履行职责;在讨论个人正义时,他认为公民以不同方式做事时,应该尽一切努力做好公民,这时城邦正义就是一个国家。在柏拉图看来,城邦正义与个人正义相同,城邦正义的关键在于公正的人,因为在他看来,正义最主要的是实现哲学王统治。亚里士多德是柏拉图的学生,并且他生活于雅典衰落到希腊的时期,但他对正义的解释仍是建立一个理想的城邦并实现所有公民的幸福。他的正义思想不仅继承了柏拉图的思想,而且还进行了新的创新和发展。不公正有两种类型,一种是非法的,另一种是不平衡的,正义是守法和平等的。❷ 此外,亚里士多德提出了他独特的观点。他认为,正义可以分为一般正义和特殊正义。一般正义是一种道德规范,它严格要求所有美德的实施,并禁止所有的邪恶,这意味着遵守法律并公平行事。作为一种伦理,一般正义体现在正义的范围之内。正义反映了所有公民的利益,而不仅仅是统治者的利

---

❶ [法]福柯:《性史》,姬旭升译,青海人民出版社1999年版,第123页。
❷ 亚里士多德:《尼各马可伦理学》,廖申白译,商务印书馆2003年版,第128-129页。

益。特殊正义可以分为两类，一类是分配正义（distributive justice），另一类是矫正正义（corrective justice）。亚里士多德的正义分配有两个原则，一个数量相等，另一个价值相等。亚里士多德认为，任何持续存在的正义都不能称为绝对正义。理想的正义应该在两个方面将两者结合起来，在某些方面基于同等数量的原则，在其他情况下则基于价值平等的原则。

在我们看来，无论是柏拉图还是亚里士多德的正义思想，都有其内在局限性，但柏拉图对社会秩序和谐的期待的愿景、关于社会合作的概念，以及他对理性和智慧的赞美等哲学思想中都包含着正义理论内涵，亚里士多德的关于规定"平等"是正义的本质，等等，都已成为现代社会的共识，其"按贡献分配正义"是分配正义观念的理论来源。另外，赫勒在《超越正义》一书"良善生活"部分中指出："良善生活的形象是道德哲学的绝对出发点，事实上是除了功利主义以外所有的道德哲学的出发点。"❶ 在她看来，道德哲学家们在探索原则和动机之前就创制了良善生活的概念。她认为，良善生活对柏拉图和亚里士多德而言是不言自明的，因为他们在等级价值观上采纳了一个基本的共识。赫勒在《超越正义》中讨论"伦理政治的正义概念"时，对柏拉图的评价采取了批判和借鉴的态度，她说："柏拉图是激进的和悲剧性的思想家，在喜感和痛苦之间涨落，在解构式的论证和说教式的传道之间波动，在最后进行关于'人类条件'的概述时，柏拉图仍然非常吝啬言辞。"❷ 赫勒认为，柏拉图的灵魂概念不包含其他特别的内容，因为如果人们足够智慧，那么他们就可以有足够的能力控制自己的欲望了。但是，赫勒同时也肯定了柏拉图的价值，她说："理想国，正如柏拉图所描述的那样，被视为一个正义的象征。经过详细的审查，

---

❶ ［匈］A. 赫勒：《超越正义》，文长春译，黑龙江大学出版社2011年版，第289页。
❷ ［匈］A. 赫勒：《超越正义》，文长春译，黑龙江大学出版社2011年版，第69–70页。

它为作为正直的正义问题提供了三个解决方案。"❶ 她指出，柏拉图的城市是我们内心的城市，因而被我们称为"灵魂之城"，因为那儿没有等级、部分和差异，只有同质性和善良的统一。赫勒认为，它表达了柏拉图深信完美的灵魂是不朽的。简言之，各种社会问题，无论是政治问题还是经济问题，抑或法律问题、道德问题等，都与正义问题密切相关。今天，正义已成为人类活动的主要价值之一。古希腊思想家的正义思想具有引领性和开拓性的意义，赫勒的正义理论的形成和发展过程也深受古希腊思想家哲学正义思想的启示。

继古希腊之后，欧洲大陆进入中世纪，那时的上帝成为统治欧洲大陆的神圣权威，国王也被上帝统治，与此同时，人们的灵魂也被神学所绑架，哲学附属于神学。上帝代表了正义和社会正义的象征，并且上帝所代表的神学正义超越了世俗的法律应该所遵循的正义。在那个时代，奥古斯丁和托马斯·阿奎那对基督教正义德性理论的发展作出了巨大的贡献，他们发展了柏拉图和亚里士多德的正义理论，并将其与神学正义相统一，建立了神学正义与神学道德理论。奥古斯丁建立正义论，最初是起始于对不同人群的划分，起始于对上帝之城（city of God）和地上之城（city above the earth）的讨论，他指出："一个城由按照肉体生活的人组成，另一个城由按照灵性生活的人组成。"❷ 奥古斯丁继承了古希腊和罗马的自然法则，将传统的自然法变为神学的自然法则。然后，他发展了柏拉图的理论，他所建构的法律体系包括：永恒法（Eternal Law）、自然法（Natural Law）、世俗法（Secular Law）。在他看来，永恒法（Eternal Law）归上帝所有；自然法（Natural Law）则存在于自然界中，是人类大脑中永恒法则的形象；世俗法（Secular Law）：人生来就有罪，如果没有法律，那么世界必将陷入混乱和

---

❶ ［匈］A. 赫勒：《超越正义》，文长春译，黑龙江大学出版社2011年版，第74页。
❷ ［古罗马］奥勒留·奥古斯丁：《上帝之城》（上），王晓朝译，人民出版社2006年版，第579页。

暴力，所以有必要通过法律限制他们的行为。所谓正义，就是服从和敬畏上帝，具体方法是遵循上帝的律法和人的法则。正义分为个人正义（personal justice）和社会正义（society justice）。他认为，所谓的个人正义，就是每个人在社会中所具有的正义感和美好的德性。"至于公正之德，其职责在乎使每一个人尽其天职，因此在人自身中有某一种自然的正当理法，要使肉体的顺乎灵魂，灵魂归顺上帝。"❶他继承和转化了亚里士多德的美德伦理，取得了巨大的成就：一是在继承原始美德的基础上增添神学美德；二是在原始世俗中，以神学的理论来对正义加以阐释，并且也对美德进行了阐释。

阿奎那与奥古斯丁的相同之处在于：阿奎那也是从神学的角度对正义进行发扬，也同样将上帝和上帝的律法视为至尊。对于正义的概念，阿奎那是这样论述的："义德是一种习性，使人们借以用恒常而永久的意志，使各得其所应得。"❷ 具体来说，义德就是指正义的行为结果必须基于城邦的利益，而个人最后的利益要以城邦的利益为最高目标，同时，个人最后的利益要与城邦的集体利益相统一。其他的问题就是该怎么实现正义和城邦的共同发展。阿奎那借鉴了亚里士多德关于城邦法治的观点，阿奎那也赞同法治的重要性，并认为法治才是实现城邦发展和繁荣的核心，因为如果实现不了法治，那么，城邦就无正义可言，无美德存在，因而无法实现城邦的和谐发展，同样地，公民也无法拥有正义、美德以及和谐的生活。因此，阿奎那的这一观点与赫勒在黄金规则（"我对你所做的就是希望你对我做的"）中强调的规则和规范、她理想中的美好社会政治生活世界，以及良善生活的构建需要良善公民的美德等观点具有一致性。

总之，奥古斯丁和阿奎那与古希腊罗马哲学家有所不同，奥古斯丁和

---

❶ 周辅成：《西方伦理学名著选辑》（上卷），商务印书馆1964年版，第357页。
❷ [意] 托马斯·阿奎那：《神学大全》（第九册），胡安德译，台湾中华道明会、碧岳学社2008年版，第124页。

阿奎那所代表的神学正义思想家是将基督教上帝视作至尊和正义的象征，是天地间最高的统领。在他们看来，他们是"继承了古希腊的伦理学思想并与神学相结合，形成了神学色彩浓厚的正义理论，并进行了严密的形而上的哲学论证，于是作为神学的正义与理性相融合、哲学与宗教相融合、神的世界与人的世界相融合，从而使神学正义传播开来"❶。因而，他们正义理论的时代意义是：他们将权利视作最高地位的正义德性论，为后来的近代启蒙运动提供了理论奠基。比如，赫勒在《超越正义》中就强调了美德和德性这一理念，她指出："善良超越正义。然而，由于正义总是有一个道德成分，一个人的善良包括正义的美德及其这个美德的践行。"❷ 因而，古希腊的存在是思想中的存在，它是理性洞见到的在场者的存在；中世纪是上帝的存在，亦即上帝给予人的恩惠；近代是理性设立的存在，亦即主体对客体的设立，这三个时代是形而上学的时代。

2.2.2 近现代社会的正义思想

到 14 世纪，人们刚从中世纪的思想迷雾中走出，突然觉得在思想意识方面长时间统治他们的经院哲学荒谬可笑，开始从历史上和世俗中去寻找智慧，于是古希腊和罗马的哲学和科学开始受到欢迎，古希腊和罗马的文学、艺术、绘画、雕塑和建筑等文化也开始兴盛起来，这场摆脱中世纪神学的思想控制，在哲学、科学、文学、艺术等方面大放异彩的运动，就是欧洲的文艺复兴。随着文艺复兴运动的兴起，人们的关注重心转向人文主义、理性、人的意志自由和个人的自由发展，批判禁欲主义，肯定与赞美人的现实生活和尘世享乐，倡导世俗教育和科学知识，以及反对蒙昧主义

---

❶ 彭富明：《论中世纪神学正义理论的历史嬗变》，《前沿》2010 年第 5 期，第 186 页。
❷ [匈] A. 赫勒：《超越正义》，文长春译，黑龙江大学出版社 2011 年版，第 332 页。

等，并以自由、民主、平等、权利为核心的西方近现代正义思想。其中具体包括契约正义思想（contract justice）、功利主义正义思想（utilitarian justice）、无政府主义正义思想（anarchist justice）等。

17—18 世纪是以英国为首的欧洲资本主义国家经济特别是工商业高速发展的阶段，尤其是"地球中心说"被哥白尼的"太阳中心说"取而代之，撼动了封建神学的统治地位，将人民从几百年的基督神学上帝主宰一切中解脱出来。近代西方社会契约论思想起源于霍布斯，成熟于约翰·洛克，最后由卢梭完成。霍布斯是英国著名的政治思想家、唯物主义哲学家，近代契约论思想的开创者，他在《利维坦》中阐述了他的契约理论。他的契约理论是建立在人性的前提下的。他认为，在国家出现之前，人们生活在一个自然状态，每个人都是自由平等的，拥有自然权利，但是人性是邪恶和自私的，由于彼此之间的冲突，没有安全感，因此，在理性的驱使下，人们在彼此之间进行理性的协商后形成一致意见，因而放弃了个人的自由无组织性，同时将治理社会的权利置于某个人或者某个集体，就是我们现在所说的"领袖人物"或"最高主权者"，从而创造一个国家。但霍布斯认为，在人类通过某种约定或者契约从自然状态下进入正式的国家社会中，人们必须要遵守约定或者协议，同时要服从管理。"一个君主的臣民，不得到君主的允许，便不能抛弃君主政体、返回乌合之众的混乱状态，也不能将他们自己的人格从承当者身上转移到另一个人或另一个集体身上。因为他们已经人人相互订约承认已成为自己的主权者的人所做的一切以及他认为适于做出的一切，并被称为是这一切的授权人。"❶ 因此，在霍布斯看来，"正义的性质在于遵守有效的契约"❷。无论在政治领域还是在经济领域，正义就是遵守契约；个人为了保全自身性命反抗君主是正义的行为等。

---

❶ [英]霍布斯：《利维坦》，黎思复等译，商务印书馆 2017 年版，第 133 页。
❷ Thomas Hobbes, *Leviathan*, Oxford, Oxford University Press, 1943, p. 72.

霍布斯被称为近代的第一个政治思想家。

对于约翰·洛克的正义思想来说，首先是他假设了一个自然状态的存在，探讨为何要从自然状态进入"政治的或公民的社会"，指出国家或者政府成立的前提和必要性就是通过同意的社会契约的达成。洛克指出：在一个正义的社会，政府必须是正义的保障，政府的合法性的基础就是要保护公民的生命权、自由权、财产权。对于财产权，洛克尤为重视，指出"无财产的地方无公正"，政府要在权利与权力之间做好平衡。他的这一天赋人权观点对后世影响深远，在其之后的法国启蒙思想家卢梭继承了洛克自然权利学说的遗产，但是与洛克不同的是，卢梭的社会契约论认为，自然状态是人们在社会群体中的和谐友好。卢梭社会契约论的具体内容为："我们每个人都以其自身及其全部的力量共同置于公意的最高指导之下，并且我们在共同体中接纳每一个成员作为全体之不可分割的一部分。"[1] 通过缔结社会契约形成的国家"能以全部共同的力量来保卫每个结合者的人身安全和私人财物，并且由于这一结合而使每一个与全体相联合的个人只不过是在服从他本人，并且仍然像以往一样地自由"[2]。契约国家中获得的自由社会是一个更高的层次，如果契约被践踏或被政府所破坏，人民的自然权利自然恢复。卢梭的思想是法国资产阶级革命的宣言，卢梭的影响甚至可以在美国《独立宣言》中看到。然而，卢梭的思想也有其局限性，他所坚持的"理想正义国家"也仅仅是表达了当时社会历史阶段下的小资产阶级的理想境界。但是，值得借鉴的是，现代契约正义理论改变了正义的研究的重点，对后世产生了深远的影响，也促进了人类社会的巨大进步。

到18世纪后期至19世纪，随着英国进入资本主义市场经济的快速发展阶段，机械工业大大提高了劳动生产率；在资本主义发展的鼎盛时期，

---

[1] [法]卢梭：《社会契约论》，何兆武译，商务印书馆2003年版，第20页。
[2] Jean-Jacques Rousseau, *The Social Contract*, London, Penguin Books Ltd., 1974, p.60.

无产阶级在为资产阶级创造了巨大物质财富的同时,却造成了自身的日益贫困。1836 年爆发的宪章运动虽然以失败而告终,但它持续了 12 年,严重影响了资本主义社会的稳定。因此,这个时期的资产阶级迫切需要新的理论来维护社会稳定、功利主义和公平产生,有人认为功利主义的成就超过了以往理想主义的成就,并得出两个结论:所有人都有同样强烈的幸福需求,他们应该享有平等的权利和机会;最大的幸福只有在稳定的情况下。因此,平等和安全是功利主义的逻辑推理。

功利主义既突出了人们对幸福和物质的追求,又成为西方重要的社会潮流,其影响深远。功利主义的发展与边沁、穆勒两位思想家密不可分。

尽管边沁没有明确阐述其正义理论,但在他的著作中可以散见其正义思想。比如他认为,如果一种社会制度对社会真的起着很大的帮助,那么人们就会去遵守它,而"那种只会使偏见流行的有关制度的价值将受到贬斥,而对真正符合功利原则的制度的信任将得到肯定"❶。即正义符合功利主义原则,不公正不符合原则。他指出:"如果反抗是公正的,即在我们这个国家,把它应用到政府的这个部门是公正的,那么,根据同样的理由,把它应用到政府的全体时也必然是公正的:这也就是说,对任何政府来说都是公正的。"❷ 在《道德立法原理导论》中,边沁认为,"一个人对于一项符合功利原理的行动,总是可以说它是应当做的,或者至少可以说它不是不应当做的。也可以说,去做是对的,或者至少可以说去做是不错的:它是一项正确的行动,或者至少不是一项错误的行动。应当、对和错以及其他同类用语作如此解释时,就是有意义的,否则没意义"❸。

穆勒继承与发展了边沁的功利主义公平思想,他认为"追求快乐避免

---

❶ [英]边沁:《政府片论》,沈叔平等译,商务印书馆 1995 年版,第 100 页。
❷ [英]边沁:《政府片论》,沈叔平等译,商务印书馆 1995 年版,第 211-212 页。
❸ [英]杰利米·边沁:《道德与立法原理导论》,时殷弘译,商务印书馆 2000 年版,第 59 页。

痛苦"是人类行为的起点，大多数人的最大幸福被用作判断个人和政府行为是否合理的标准。在其《功利主义》著作中，穆勒专门讨论了正义的起源、正义的定义以及正义与功利主义之间的关系。例如，"尊重人的合法权利是正义，侵犯人的合法权利便是不义；应得为正义，不应得为非正义；失信于人、违背诺言为不义，反之则为正义；处事偏袒为不义，公正无私为正义；平等为正义，不平等则为不义，等等"❶。在穆勒看来，"倘若基于正义对两者进行选择，那么这样的选择必定是有失偏颇的。唯一能够决定优先选择哪一种立场的只能是社会功利"❷。因此，穆勒得出论断："基于功利之上的正义才是整个道德的主要组成部分，具有无可比拟的神圣性和约束力。"❸

功利主义者认为正义应该建立在功利主义之上，他们对社会的关注包括个人的利益，也要求关心社会和他人，不仅要求"数量"，也要求"质量"。他们的理论观点在当时的特定历史阶段，使自由放任的资本主义开始变得温和并有助于缓解资本主义社会的尖锐矛盾。

2.2.3 马克思主义的正义思想

众所周知，马克思理论是唤醒处在被压迫和绝望中的人们的解放、民主与自由意识的，尽管在马克思的著作中很少出现"正义"一词。"也许会有那么一天，我们用一部精密扫描装置来搜寻他的著作中出现的所有涉及'正义'一词的例证。我确信搜寻的结果将会非常少。"❹ 波兰学者 W.

---

❶ [英] 约翰·斯图亚特·穆勒：《功利主义》，叶建新译，九州出版社2007年版，第101－109页。
❷ [英] 约翰·斯图亚特·穆勒：《功利主义》，叶建新译，九州出版社2007年版，第133－135页。
❸ [英] 约翰·斯图亚特·穆勒：《功利主义》，叶建新译，九州出版社2007年版，第137页。
❹ [美] 威廉·麦克布莱德：《马克思、恩格斯与其他人论正义》，王贵贤译，《马克思主义与现实》2008年第5期。

兰也认为：“马克思在他的著作中并没有把'公正'的观点当作独立自存的课题研究。"❶ 因而，马克思就正义问题没有构建独立完备的理论，但马克思对正义的捍卫奠定了马克思正义理论的主要内容，为我们呈现了他的正义视野。因此，考察马克思正义理论需要对其论著中相关论点的表现加以研究，进而从各种不同层次和角度加以把握。

1. 马克思重视和强调人的自我意识，作为其正义思想的理论出发点

在题为《德谟克利特自然哲学和伊壁鸠鲁自然哲学的差别》的马克思博士毕业论文中，指出："哲学，只要它还有一滴血在它那个要征服的、绝对自由的心脏里跳动着，它就将永远用伊壁鸠鲁的话向它的反对者宣称：'渎神的并不是那抛弃众人所崇拜的众神的人，而是同意众人关于众神的意见的人。'"❷ 因此，马克思指出了人的自由平等价值的意义存在，强调了人的自我意识的重要性，从而捍卫了正义对于人自我意识确立的意义。随着自我意识哲学的发展，马克思步入社会后，他将批判的视角转向了从现实的视域思考如何实现真正意义上的平等和自由。正如在《论犹太人的问题》一文中马克思就明确了他的观点："自由这一人权的实际应用就是私有财产这一人权……私有财产这一人权是任意地、同他人无关地、不受社会影响地享用和处理自己的财产的权利；这一权利是自私自利的权利……平等，在这里就其非政治意义来说，无非是上述自由的平等。"❸ 他认为要实现正义就是实现人的本质的统一。

2. 马克思对实现社会经济平等给予了充分的理论关注

马克思在《哥达纲领批判》中指出："权利决不能超出社会的经济结

---

❶ ［波兰］W. 兰：《马克思主义的公正观》，初晓译，《哲学译丛》1991 年第 5 期。
❷ 《马克思恩格斯全集》（第 40 卷），人民出版社 1982 年版，第 189 页。
❸ 《马克思恩格斯全集》（第 1 卷），人民出版社 1956 年版，第 437 – 439 页。

构以及由经济结构制约的社会的文化发展。"❶所谓的公正都基于特定时代的社会历史条件，尤其受到经济条件的约束。马克思的公平观也是基于社会和经济条件的基础而建立的。正如恩格斯所指出："一切人，或至少是一个国家的一切公民，或一个社会的一切成员，都应当有平等的政治地位和社会地位。"❷

在马克思那里，公平正义的实现不仅是一定历史阶段的产物，而且是每个历史阶段的客观现实动力。也就是说，每一社会发展阶段和历史时期为了实现社会的公平正义，都需要社会现实批判力量的奠基。随着马克思1848年《共产党宣言》的出版："在阶级斗争被当做一种不快意的粗野的事情放到一边的地方，留下来充当社会主义的基础就只是真正的博爱和关于正义的空话。"❸因此，在马克思看来，德国的所谓"真正的社会主义"，仅仅是空泛的理论而已，所谓的正义理论如果不是一定的历史时期、社会现实关系中的正义，那么这样的正义理论将是一个毫无意义和价值的概念。恩格斯也指出："如果我们确信现代劳动产品分配方式以及它造成的赤贫和豪富、饥饿和穷奢极欲尖锐对立的状况一定会发生变革，只是基于一种意识，即认为这种分配方式是非正义的，而正义总有一天一定要胜利，那就糟了，我们就得长久等待下去。"❹因此，对于正义理论的研究需要从历史性和社会发展的政治立场出发，否则正义理论将是抽象和空泛的概念。

马克思在针对资本主义社会资产阶级对无产阶级的剥削分析中，深刻揭示了社会非正义的价值评判，在《资本论》中他有这样的论述："作为资本家，他只是人格化的资本。他的灵魂就是资本的灵魂。而资本只有一种生活本能，这就是增殖自身，获取剩余价值，用自己的不变部分即生产

---

❶《马克思恩格斯选集》（第3卷），人民出版社2012年版，第364页。
❷《马克思恩格斯选集》（第3卷），人民出版社2012年版，第480页。
❸《马克思恩格斯选集》（第4卷），人民出版社2012年版，第228页。
❹《马克思恩格斯选集》（第3卷），人民出版社2012年版，第536页。

资料吮吸尽可能多的剩余劳动。"❶ 他的观点就是资本家"巧取"和"掠夺"了无产阶级的剩余价值。

在马克思看来,这种资本家对工人的残酷剥削,是极其不正义的。资本主义国家中资产阶级对无产阶级的这种剩余价值的剥削在马克思看来是最普遍、最隐秘、最广泛的一种剥削:"这种专制制度越是公开地把营利宣布为自己的最终目的,他就越是可鄙、可恨和可恶。"❷ 马克思对于这种资本家无偿占有和压榨工人劳动价值的极大不平和愤慨,不是一种情感宣泄,而是对社会现实的深刻挖掘和揭示,是一种对社会现实的揭露和理性的深刻表达。在资本主义社会中,资本主义经济高速发展,社会化的大生产导致工人劳动的异化,资本家无偿占有了工人所创造出来的剩余劳动价值,因而资本家在经济上的特权产生了剥削。经济基础决定上层建筑,资本家因而在政治上也处于主导地位,在资本主义高速发展的背后,所有社会劳动生产率的提高都因工人的异化劳动而得以实现,但无产阶级和劳动人民处于被剥夺、被压榨的地位。马克思正义理论就是为了实现正义,为了"每一个人的全面而自由的发展",这也是人类社会努力实现的目标。

综上所述,我们可以看出,马克思的正义理论为赫勒"超越正义"理论的形成奠定了基础和指引。唯物主义者正义理论观点认为,马克思对于正义思考的起点,最初起源于对贫苦人民的同情和关怀、源于对工人阶级被资产阶级压榨和剥削的现实。而赫勒的理论也是源于她个人的经历以及她所代表的东欧新马克思主义布达佩斯学派的观点,还有东欧所经历的二战及战后匈牙利"苏联模式"等。这些二战期间个人与国家所经历的痛苦、挫折和磨难,引发了她对现实的关注和同情,这也是马克思和赫勒这样的思想家对人文主义、社会现实的关怀,是一种哲学家的情怀,是对现

---

❶ 《马克思恩格斯全集》(第 6 卷),人民出版社 1972 年版,第 325 页。
❷ 《马克思恩格斯全集》(第 44 卷),人民出版社 1972 年版,第 26 页。

实的正义思想诉求。虽然马克思和赫勒所生活的年代处于不同的现实和时代背景下，但他们的正义思想是一种建立在深刻时代背景意义之上唯物主义的正义诉求，是他们基于人们在社会现实中所经历的不公平、艰难挫折的客观事实而进行的思考，就是尽量排除社会现实问题—解决问题—最终实现正义。阿格妮丝·赫勒的正义理论，就是从现代性的社会现实的正义要求出发，对后现代社会出现的现代性危机进行解读，提出了道德重建的目标：实现最佳的社会生活世界，就是实现具有超越正义的、民主的、自我管理的社会。

2.2.4　布达佩斯学派对马克思主义思想的继承

作为国外马克思主义的重要组成部分之一，东欧新马克思主义虽然没有其他西方马克思主义理论那么有影响力，但它在国际舞台上仍占有极其重要的一席之地。东欧新马克思主义者主要指20世纪五六十年代在东欧"非斯大林化"过程中出现的一批马克思主义者，主要包括南斯拉夫实践派、匈牙利布达佩斯学派、波兰的新马克思主义等[1]。东欧新马克思主义的布达佩斯学派不仅严厉批评了当时东欧的社会主义集权制度，还深刻反思了资本主义民主，因而具有划时代的历史意义。

第一，东欧新马克思主义布达佩斯学派的起源。

该学派是由匈牙利一些批判性知识分子所创立的，他们针对所处的时代背景，对现实问题予以思考和探究。他们的思想发展具体来说，可以分为以下几个历史阶段。

第一个历史发展阶段：20世纪50年代中期，即从1949年成立匈牙利人民共和国至匈牙利十月事件发生之前。这个时期内，以赫勒为代表的布

---

[1]　[匈] A. 赫勒：《超越正义》，文长春译，黑龙江大学出版社2011年版，第5页。

达佩斯学派成员大多是卢卡奇的学生，并致力于学习哲学。这个时期也是卢卡奇带领他的学生们，开始真正建立和形成布达佩斯学派的转折点。在此期间，对于人道主义的关注，是这些理论家的共同点。人道主义，在本质上来说，就是马克思主义的价值取向。正如布达佩斯学派的代表人物阿格妮丝·赫勒所说："我要重复的是一场马克思意义上的共产主义运动，能够在创造人道化的社会的方向上引导最广泛的对于日常生活传统形式的不满。"[1] 因此，我们可以看出，赫勒在日常生活中提出了人道主义的思想，这也是布达佩斯学派追寻和恢复马克思主义的原始面貌的选择。从意识形态层面来看，布达佩斯学派的主张促进了社会主义政治和经济水平的人性化表达。

第二个历史发展阶段：20世纪50—70年代初。20世纪60年代是布达佩斯学派的鼎盛阶段，被许多学者称为"后马克思主义阶段"。当时的学派成员经常参加赫勒组织的各种国际性的学术会议，同时取得了丰硕的学术研究成果，在国际上具有巨大影响力。这个时期一直持续到1971年卢卡奇去世后，布达佩斯学派成员被官方排挤，其主要成员不得已开始向国外迁移。进入西方社会后，布达佩斯学派成员们的思想发生了巨大的理论转变。东方理论家现在创造了许多在东方有用的新方法。这些方法可以作为西方左翼的备忘录，因为他们奠定了一种新的现代性理论。他们明白，"马克思主义文艺复兴"不再适合他们。

第三个历史发展阶段：20世纪70年代起至今，它被称为"后现代马克思主义"阶段。在这个历史阶段，学派成员们因为被迫迁移到西方各国，随着地域的扩大，他们的理论研究视域发生了巨大变化，学派成员们开始与西方思想发生了碰撞和交流，例如，与罗尔斯、哈贝马斯、韦伯等西方

---

[1] Andras Hegedus, Agnes Heller, Maria Markus, Mihaly Vajda, *The Humanisation of Socialism*: *Writings of the Budapest School*, Allison & Busby Limited, 1976, p. 51.

思想家进行讨论和辩论。他们追求马克思主义的重建，却意外地在后现代社会中随着现代性的发生和正义产生的演变，不知不觉地在西方正义思想的影响下，开始进入了后现代马克思主义的历史阶段和理论思潮中。比如，在赫勒与费赫尔夫妇移民到美国之后，他们开始了关于现代性的反思，并在文化层面思考现代性。在1989年东欧发生剧烈变化之后，社会环境发生了巨大的变化，赫勒夫妇经常返回布达佩斯。赫勒那段时间经常在布达佩斯，因而将他们受西方思想影响而变化的理论带到布达佩斯。学派的其他成员也开始了广泛的交流和对话，学派开始从文化层面反思和批判现代性，并将现代性视为一种研究范式。

第二，布达佩斯学派对马克思主义思想的研究。

具体而言，这一阶段布达佩斯学派对马克思主义思想研究有以下三方面的内容。

1. 马克思主义与人类学

马克思主义尤其是马克思的异化论、人性论和人道主义思想，是布达佩斯学派成员们的根本理论依据。他们在发展和论证马克思人性论和生存论的基础上，阐述了自己的人类学观点，其中马尔库什的《马克思主义与人类学》是最具代表性和影响力的。在《马克思主义与人类学》这本书中，马尔库什把马克思的人类学理解为一种哲学人类学，特别是马克思对"人性"的思考。马尔库什在关于人的本质的理论研究中，提出和形成了他的三个理论观点：首先，从历史唯物主义或者是马克思的异化理论出发，人的本质，都必须具有"劳动"这一实践活动，同时，人的社会性和人的思想意识，也是人类社会区别于动物的本质差异，而且这种认识符合马克思的基本人道主义精神。其次，劳动、社会性和意识确实不同于人性等因素，它们是人作为区别于其他生物的最本质的特征。最后，跟马克思的人性思想进行比较研究，人的本质的理论研究不是简单讨论概念间的基本内涵，而是需要把这些特征放在人们生存、生活的时空中去加以研究和分析。

2. 激进的哲学和激进的民主

关于人类需求结构的调查也是布达佩斯学派的重要理论热点。赫勒实际上是马克思主义的追寻者，她曾经在《激进哲学》一书中说明和指出马克思就是最激进的左翼思想家，她自己就是一名激进的左翼思想家。因而，赫勒作为布达佩斯学派的"首领"，其对激进哲学颇有研究，因而著有《激进哲学》一书。她认为，为了实现革命的基本需要，有必要满足左派激进运动产生的激进需求，旨在改变现有社会的左翼激进运动，必须有一种激进的哲学来推进左翼哲学家们理想目标的实现。"激进需要在赫勒早期理论实践中一直处于中心地位，与之密切相关的是激进乌托邦和激进哲学。"[1] 赫勒还强调，激进民主可以使人类摆脱社会、政治和经济不平等，但其作用仍然有限。

3. 关于日常生活的人性化

赫勒为理解哲学领域的日常生活作了很好的解释。她将日常生活的概念，根据她的理论和论证，设定成"个体再生产"。她说道："如果个体要再生产出社会，他们就必须生产出作为个体的自身。我们可以把'日常生活'界定为那些同时使社会再生产成为可能的个体再生产要素的集合。"因此，赫勒在说明和阐述了日常生活的相关定义之后，高度概括了关于日常生活基本结构的五个特征：实用主义（pragmatism）、可能性原则（possibility principles）、模仿（imitation）、类比（analogy）和过度概括（overgeneralization）。因而，基于以上对日常生活的分析和总结，赫勒创造性地提出了"日常生活的革命"（revolution in daily life）这一概念。因为在她看

---

[1] 颜岩：《激进需要与激进乌托邦——赫勒人类需要理论评析》，《哲学动态》2009年第9期，第91－95页。

来，存在于日常生活中的异化问题，只有通过实现日常生活的人道化，才可以消除这种异化。

简言之，布达佩斯学派的形成和发展有深刻的时代历史背景特色，因而学派成员对社会正义及人道主义作了深入思考，其理论主题为人道主义。布达佩斯学派成员都是受西方马克思主义创始人卢卡奇的启发和影响，其共同的理论起源是马克思主义。此外，还有代表人物和很多理论需要深入挖掘，如赫勒在其《超越正义》一书中的正义思想，这也正是本书的视角，将在下文进行展开。

2.3 赫勒"超越正义"理论的形成过程

我们知道，赫勒"超越正义"是基于后现代社会下对正义问题的重新思考和探究，因而，其正义理论包含什么样的逻辑结构，它有着什么样的理论主题，在今天各种类型和不同观点政见的正义理论中我们如何正确地定位赫勒的正义理论，这些都是理解和认识赫勒正义理论的前提。

2.3.1 20世纪60年代：人道主义马克思主义形成阶段

分析任何具有现实理论价值的正义理论，都是要追溯至思想家们所处社会的那个特定的精神状态，看看其理论要解决的主要问题。在这里，我们根据赫勒在不同时期的思想发展将赫勒的理论进展分为三个阶段，并以此为基础进一步分析赫勒的"超越正义"理论。

阿格妮丝·赫勒的思想发展和理论形成最初是受到青年马克思的异化理论影响和其老师卢卡奇的哲学启蒙，从而，赫勒开辟了探索实现"日常生活人性化"的道路。在20世纪60年代，赫勒的《日常生活》这一著作，基于马克思和卢卡奇的"类本质"与"对象化"的基本范畴，"进一步对日常生活的异化进行了深入的研究，对日常生活的范畴、特性以及日常生活的异化进行了阐述，形成了完整的日常生活批判理论体系"❶。在赫勒看来，基于或者存在于日常生活中所谓"人性化"的理解，它的具体表现为人们在日常生活中对于日常知识所发生的理解。如果某个人或者某一些人希望在某种特定的环境中维持生活和生存，那么这些人就需要具备一定的日常生活知识。赫勒说，必须强调指出，不但这种知识的内涵，而且它的效力域，它的有效传播范围，对不同时代和不同社会阶级都各有不相同。在她看来，"日常生活，如何能在人道的、民主的和社会主义的方向上得以改变。哲学、历史哲学对真理、对绝对精神的追寻不应是一个自足的独立领域，这种意义的寻求必须回归日常生活，为日常生活提供共享的意义与理解"❷。她认为，"日常生活"（daily life）这一概念蕴含着这样的内涵：一是随着历史的沉浮而不断生灭的可变部分，其变化和消失不会从根本上影响人类的生活；二是基本的不变部分，这是人类存在不可或缺的基础，其总体或某一要素的消失会导致混沌状态、世界末日和人类生活的终结。

关于"日常生活"，赫勒认为我们的理解有两种：一种是幸福，另一种是有意义的生活。幸福是日常生活中"有限的成就"意义上的"为我们存在"，也就是说，它是有限的和完成的"为我们存在"。因此，幸福并不是永恒不变的。"幸福是日常生活的伟大时刻，但它不能穷尽日常生活的持续的'为我们存在'，也不会取而代之。"❸ 在赫勒看来，人们可以在

---

❶ 杜红艳：《走向日常生活的人道化——论卢卡奇和赫勒的日常生活批判》，《学术交流》2011年第3期。

❷ 李伟：《日常生活人道化的路径探索》，《北京政法职业学院学报》2013年第2期。

❸ 闫方洁、宋德孝：《关于日常生活的知识及其人道化目标——赫勒日常生活理论的哲学研究》，《柳州师专学报》2008年第1期。

"幸福意义"的生活中去寻求日常生活的人性化。有意义的生活是一个以持续的新挑战和冲突的发展前景为特征的开放世界中日常生活的"为我们存在"。这种具有有意义生活的个人，在解决和克服各种困难中发展前进，实现自己的生活目标。这一个体不压抑自己的个性，不给自己的个性强加极限，而是"同宇宙较量"。在对他开放的可能性中，他选择他自己的价值和他自己的世界——他与之较量的宇宙。

2.3.2 20世纪70年代：后马克思主义阶段

在20世纪60年代末70年代初，匈牙利的局势再次恶化。1971年卢卡奇逝世，布达佩斯学派成员不仅在思想上、学术上失去了一位导师，而且也失去了一位国际权威人物的保护，他们受到当局的政治迫害，赫勒夫妇及其他成员先后移民。"在20世纪80年代后期，布达佩斯学派不复存在解散了。不再有理论流派，哲学变成个人的。但是也许作为理性的狡计，以前布达佩斯学派的成员比以前更关注美学和文化哲学。"[1]

赫勒离开匈牙利，进入美国、澳大利亚这些西方社会之中，受到西方其他思潮的影响，她的哲学思想有了一个重大转变，比如，赫勒和费赫尔的《东方左派和西方左派》就反映了赫勒的哲学思想的转折和变化。她所代表的东欧新马克思主义学派思想，最初是受到了恩师卢卡奇的理论启蒙并以之为出发点，但在此后，赫勒将自己的理论和实践纳入其中，逐渐地走出了卢卡奇对西方马克思主义的解释及卢卡奇的理论框架，根据自己的理论观点和认识重新解读马克思主义，试图回归真正的马克思主义。在匈牙利人民共和国时期（1949年8月20日—1989年10月23日），讨论政治是非常敏感的，也是受到政府当局限制的话题。赫勒及其他成员关于政治

---

[1] 赫勒、傅其林：《布达佩斯学派美学——阿格妮丝·赫勒访谈录》，《东方论丛》2007年第4期。

问题的认识，只能就其伦理学、认识论、哲学等方面进行探讨。当赫勒等学派成员离开匈牙利后，他们开始对社会结构变化予以探究，提出东欧的苏式社会主义并非真正的社会主义。

同时，因为"东方理论家现在创造了许多在东方有用的新方法，这些方法可以作为西方左派的备忘录，因为它们奠定了一种新的现代性理论"❶。赫勒开始了解"马克思主义的文艺复兴"已经不再适应当时阶段的理论了。瓦伊达说："马克思主义的文艺复兴，明白无误地接管'浪漫的'反资本主义的文化批判的遗产。它的核心的、强烈连接的范畴是异化和类本质。其基于这些社会概念的社会理论的本质，是因为异化在资本主义世界最大化了，个人将是空的，无法实现也不能参与自身的类本质。社会主义只是异化的消除，资本、需要等的获得，社会的每个个人的类的消除。即使以一种范畴和另一种形式（从这个观点出发，一个人不能否认，文艺复兴仍然是对马克思主义传统的忠诚），目标是一个同质社会：不是所有个人应该一样，但他们没有人以他们社会地位的限制为特点。"❷

2.3.3　20世纪80年代：后现代马克思主义阶段

1984年，赫勒与费赫尔离开匈牙利，到了美国纽约，费赫尔在纽约社会研究新学院任职。随着赫勒与费赫尔进入美国社会，他们开始对各种思潮进行反思，渐渐步入现代性这一语境，开始对现代性进行思索，在更广泛的意义上与后现代思潮融合，因而赫勒开启了她的后现代马克思主义理论发展的历史阶段。

---

❶ Ferenc Feher and Agnes Heller, *Eastern Left – Western Left*, Cambridge, New York, Polity Press, 1987, p.39.

❷ Mihály Vajda, *The State and Socialism: Political Essays*, London, Allison & Busby, 1981, p.11.

赫勒对现代性的问题研究，是基于她对人类的生存状况的考察和研究。在进入后现代理论的研究视角之后，赫勒特别关注的理论观点是：社会主义的正义建设必须与社会的民主建设和人权的确立相关联。同时，她也认为，在后现代社会中关于现代性危机的发生应该重视现代性的核心问题，即政治逻辑问题。例如，在此期间，赫勒参与了许多作品的创作，如费赫尔、赫勒、托马斯和瓦伊达共同出版的 *Dialical Dialectics：Budapest School Works*，*Aggressive Aesthetics*，以及与瓦伊达、拉德洛蒂（Radrotti）等的著作《文化与启蒙：马尔库什论文》（*Culture and Enlightenment：Markush Paper*），使赫勒进入了西方社会的后现代思潮的浪涛之中。同时，赫勒进一步展开了关于现代性和政治哲学的思考，比如赫勒的一系列关于现代性的著作：《分散的历史哲学》（*Decentralized Historical Philosophy*），《现代性能否存活下来？》（*Can Modernity Survive?*）、《现代性理论》（*Modernity Theory*），以及赫勒和费赫尔关于现代政治哲学研究的共同著作《后现代政治状况》（*Postmodern Political Situation*），等等，这些作品都是赫勒融入后现代社会中，发现了现代性危机，从而对政治哲学和现代性问题进行思考而得的丰硕学术成果。因此，赫勒、费赫尔、马尔库什等产生了重大的国际影响，赫勒因此被纽约社会研究所给予"汉娜·阿伦特哲学教授"（Hannah Arendt Professor of Philosophy）这一荣誉称号。

赫勒的理论经历了好几个阶段，思想也发生了巨大变化，她特殊的和艰难的人生经历对她产生了重大影响，她的整个哲学历程都在寻找这些事件产生的问题并试图找到解决答案，其中她认为所有理论最核心的内容始终是关注社会正义理论的人文主义情怀。人类在不同的历史时期赋予了正义不同的含义和意义，形成纷繁复杂、不同意见的正义思想，因而对正义理论的深刻哲学反思成为哲学家们的理论聚焦，这也奠定了赫勒对正义理论进行哲学考察的出发点。那么赫勒如何理解正义呢？赫勒在梳理了人类追求和建构正义的历史和现实的基础上,提出构建"正义的目标是超越正义"❶。那么,什么是正义的超越?赫勒说,正义的超越是一种双关语,它既需要反映理论的主题"正义",同时要具体体现出正义的立足点"超越性"。因而,在赫勒的正义理论中,她持续讨论正义,并寻求为什么正义是可能的。然而,她是以特别的视角来思考"正义"的,通过评析以往的正义理论所面临的问题和困境来阐释正义理论,并且指出,她的正义理论的构建是实现一种对现实正义的超越。赫勒指出:"现代社会则是回归良善生活,超越正义。"❷

从形式上看,赫勒对正义问题的研究呈现出广泛的历史视角、深刻的理论基础和微妙的逻辑分析。从本质上讲,她的立场、观点和方法表现出深刻的马克思主义理论的思想渊源,两者在正义问题上极具统一性。赫勒这位东欧新马克思主义哲学家以与众不同的独特视角分析和论析了人类正义的理论、概念、困境和出路,为我们考察和探究当代正义的理论和问题,提供了有价值的理论参考渊源。

本章小结

本章首先梳理和阐述了赫勒所处的政治、经济和文化的时代背景,然后追溯了西方正义理论思想发展的历史。正义这一概念亘古不变,分别经历了古希腊的美德正义、中世纪的神圣正义,一直发展到近现代社会的正义以及马克思的正义理论。在此基础上,本章继而进一步展开和阐释了以赫勒为首的布达佩斯学派对马克思主义思想的继承和拓展。这些相关的正

---

❶ [匈] A. 赫勒:《超越正义》,文长春译,黑龙江大学出版社2011年版,第337页。
❷ [匈] A. 赫勒:《超越正义》,文长春译,黑龙江大学出版社2011年版,中译者序言第1页。

义理论，我们可以看作赫勒"超越正义"理论的思想资源，例如在她的"超越正义"理论中就体现了古希腊美德正义的思想："一个人的善良包括正义的美德及其美德的践行。"[1] 本章最后阐释了赫勒"超越正义"理论的形成过程。总之，她继往开来地提出了对正义理论的独特解释。她指出，过去的哲学家以自由、平等、价值等方式构建了不同层次和内涵的正义理论，他们的正义思想是人类生活的外在因素，而赫勒的正义理论是构建于微观日常生活基础之上的。她希望人们在日常生活中构建和培养正义的习惯，没有人做任何邪恶和不公正的事情，从而人们会拥有美好的生活，因此可以实现超越正义。

---

[1] ［匈］A. 赫勒：《超越正义》，文长春译，黑龙江大学出版社2011年版，第332页。

第3章 从正义到"超越正义":赫勒"超越正义"理论的逻辑内涵

正义是一种防止人们互相伤害的权宜契约。

——［古希腊］埃斯库罗斯：《警句》

前文我们阐述了赫勒"超越正义"理论缘起的社会背景、理论渊源及形成过程。我们可以看到，赫勒的"超越正义"理论主要是在当时的社会背景下通过对社会正义的追寻和对当时社会的批判而逐渐显现的。在对社会正义、伦理正义概念的充分阐释的基础上，她坚持认为，只有实现了正义概念的从静态到动态、从完备到不完备形式的逻辑指向的转换，以及良善生活的构建，我们才可以真正地实现从正义到"超越正义"的飞跃。

3.1 正义的内涵、功能及分类

尽管人们在日常生活中经常提及正义，然而对于究竟何为正义，却是难以说清。因为正义所具有的复杂性和社会历史性，正义的定义无法具体阐明，所以说"正义有着一张普洛透斯似的脸（A Protean face）。当我们仔细查看这张脸，并试图揭开隐藏其表面背后的秘密时，我们会往往感到迷惑"[1]。但赫勒认为，古希腊社会是前现代社会的最佳代表；前现代社会中政治哲学、社会哲学和道德哲学三者是整合在一起的，前现代社会是道德哲学与正义的完美统一，社会正义是统摄一切的最高标准。赫勒对于正义的概念，具体内容阐释如下。

3.1.1 正义的内涵

赫勒认为，正义的正式定义概念，可以按照这样的表达式来描述："构成人类群体的规范和规则应该被群体中的每一个成员自始至终地接受并遵守。"[2] 在她看来，这样的表达式可以应用于所有正义的具体事例之中。比方说，如果一个人是按照表达式中包含的方式处理事情，那么他就是正义的；反之，如果他不是按照这样的方式来处理事情，那么他就是不正义的了。后者的表达式是这样的：第一，没有自始至终地遵循规则和规范；第二，不连续地遵守规则和规范；第三，不使用特定群体中应该遵守的规则和规范。赫勒给出的例子是，比如你是教师，你不可以根据对学生的喜好来判卷，而是需要统一的标准来判卷，但如果因为你的疲倦和注意力下降，降低了规范批卷，那么阅卷教师就是违反了第二条连续性的原则，也就是相当于使用了不正当的方式来处理问题。还有就是，如果教师阅卷过程中虽然按照同一规范阅卷，但如果依据自己的政治偏好来阅卷，那么你就违反了第三条的原则，因为你没有适应特定的制度规范的需要，从而这就是一种不正义的行为了。

---

[1] ［美］E. 博登海默：《法理学：法律哲学与法律方法》，邓正来译，中国政法出版社 1999 年版，第 252 页。

[2] ［匈］A. 赫勒：《后现代政治状况》，王海洋译，黑龙江大学出版社 2011 年版，第 139 页。

那么，让我们假设一个社会是有序的，不仅因为它的目的是按照赫勒的正义概念及其表达式所要求的那几个规则，还因为在现实的社会中，让人们根据正义的概念和表达式规则行事，需要的是要在不损害利益的情况下，促进社会所有成员对正义概念的有效支配。也就是说，这是一个社会，其中：(1)每个人都接受并知道所有其他人都接受同样的正义原则；(2)基本社会制度通常是一致的，人们通常知道它符合这些原则。在这种情况下，虽然人们互相之间会提很多要求，但他们都接受可用于确定其要求的共同观点。如果人们的利益倾向使他们彼此之间保持警惕，那么他们的普遍正义感也可以使他们形成一个坚实的群体。共同正义使拥有不同目的的人们之间建立友谊的纽带；要求正义的普遍愿望限制了人们对其他目标的追求。人们可以将普遍正义视为有序人类群体的基本章程。因而，从此层面上来看，如今的现实社会不是那么有序，对于正义和不公正的区分通常是一个很有分歧的问题。依据赫勒的正义观，人们对其群体基本条件的看法应该是不相同的，因而，虽然存在分歧，但可以说他们拥有某种正义。即他们理解自己需要一套具体的规则，也打算执行这样的规则，以此来行使他们的基本的权利和承担他们的义务，同时也确认他们适当分配了社会合作的利益和负担。

由此，我们可以认为，正义是指处于一定社会历史时期的人们在面对各种问题和状况时，人们在价值意识中的一种思想统一性，具体表现为一种人们自觉遵守的价值规范，体现在一系列思想和规则中。因而，正义具有的社会特征具体表现为以下三个方面。

第一，正义的社会性特征。正义的这一性质表示了正义产生的缘起必须是社会生活世界，单独的个体与人们在社会中的相互关系是无法分割的，因为人总是社会的人，人离不开社会的大环境。根据古希腊柏拉图对正义的定义，我们可以知道，正义也是产生于人类社会生活之中，社会才是正义的客观存在的基础。因而，对于正义的社会性，契约论的代表人物霍布斯就指出：在原始社会的自然状态下，人们由于需要自我保护，同时由于生存需要，会有各种争端的发生，引发争议。一个地方如果没有法治或者政府权力的保护，也无正义可言。人们为了摆脱存在于自然的各种矛盾，理性地寻求各种合作和和平共处，以此来维护人们的社会生活，延续个人的社会生活，这是人生存的普遍规律。通过这种方式，人所生存的自然环境的原始状态被特定发展的社会进步的产物所代替，因此会产生公平和不公平的现象。可以说，正义的社会特征不仅包含在社会中，也具体表现在特定社会的产物的现实状态中，尽管人们追求永恒的正义，但是特定的社会，其正义的原则和内容不尽相同。正义的社会特征，不是否认个体正义，而是在肯定个体正义的基础上，对社会正义个体所需要遵守和维护的正义原则和规范的肯定。因而个体正义的美德，具体表现为在社会正义中的个人体现，因而它也是个体正义的社会性的价值所在。

第二，正义的阶级性特征。纵观历史，所有的正义理论的产生都是基于当时社会的人们的普遍价值意识，因为正义理论的产生是时代的产物，同时也在一定程度上代表了特定阶级的利益取向，从而标志着该阶级的利益。比如，亚里士多德的正义理论就代表了等级理论，他就认为，奴隶只是"生活工具"和"听话的顺从的资产"；还有他指出："民主制依据的是自由身份，寡头制依据的是财富，有时也依高贵的出身，贵族制则依据德性。"❶ 因此，"亚里士多德所讲的正义，可以成为主张任何非正义和不平等次序的很好的借口"❷。柏拉图对于正义的定义在某种层面来看，是代表了占有社会利益优势地位的群体利益（奴隶主），"凡符合奴隶主阶级等级制的就是正义，否则就是不正义。正义与不正义的界限就在于是否符合奴

---

❶ [古希腊] 亚里士多德：《尼各马可伦理学》，廖申白译注，商务印书馆2003年版，第135页。
❷ [印度] 穆霍帕德希亚：《西方政治思想概述》，姚鹏译，求实出版社1984年版，第40页。

隶制的根本要求"❶。柏拉图对不同群体的差异进行了划分，也划分了各自的权利和义务，他的理想国在我们看来也是一个具有阶级性的概念。到了中世纪，以奥古斯丁和阿奎那为代表的神学家们更是将正义归于上帝的创造，以保护僧侣的利益。到了近代，在休谟看来，正义之所以存在，是出于保护资产阶级根本利益的需要，因为，他认为正义是产权的定义，"正如对大自然所如此坚定地确立的一种力量的运用绝不产生任何不便一样，正义和所有权的限制如果是完全无用的，就绝不会出现在如此不平等的一个联盟中"❷。因此，休谟的正义具有本质上的阶级性。在他看来，对于社会等级低的人群而言不存在正义，在他眼中，他所谓的"文明人"（civilized person，意指欧洲人）和"野蛮人"（savage，意指印第安人）之间也不存在正义。

第三，正义的时代性特征。自从柏拉图提出正义理论以来，就不存在永不变化的正义理论，所有的正义思想都是伴随着社会的发展和时代的进步而变化。因而，无论正义具体内容如何，"正义的观念就它的起源来说只不过是平等精神的表现而已"❸。

因而，对于人类社会来说，处于不同的社会，相对应的正义和价值需要也不尽相同。古希腊古罗马正义，代表的是集体正义，这是由当时的社会结构所决定的；而随着时间的推移，文艺复兴时期的正义观，占领主导位置的是个体的正义，因为人们的生存状态和价值观发生了变化，封建制度的个人依附关系被取代，人们获得了平等、自由的权利和地位。到了现代社会，社会的经济存在形式使人们之间的联系更加密切，各国之间、各地区之间、人与人之间都密切地联系在一起，科技的发展和通信技术的发

---

❶ 罗国杰、宋希仁：《西方伦理思想史》（上卷），中国人民大学出版社1985年版，第164页。
❷ ［英］休谟：《道德原则研究》，曾晓平译，商务印书馆2001年版，第42页。
❸ ［法］拉法格：《思想起源论——卡尔·马克思的经济决定论》，王子野译，生活·读书·新知三联书店1963年版，第96页。

达使人们的交往更加瞬息万变，西方社会中各种正义思潮随之涌现，其中的社群主义的兴起，正是这种社会变化的产物。因而，正义不仅是时代的产物，也是时代不断变化其本质内涵的特定产物。各国之间日益频繁的交流使国际正义或全球正义成为热门话题，自然资源和自然环境在人们的社会发展中不断被消耗和破坏，我们在发展经济的同时，不得不对正义重新进行思考。因而，现在正义的时代特征也包含了环境正义、消费正义，这是我们现代社会关于国际正义或全球正义所关注的主题。因为，当下出现的这些新问题，需要我们以正义的方式来解决，同时以实现正义的价值意识对社会和人们进行价值引导和重视，最终实现正义，体现正义的时代特征。

3.1.2 正义的分类

不同的学者对正义的分类给出了各自不同的定义。比如，柏拉图的城邦正义（city-state justice）、个人正义（personal justice）。而他的学生亚里士多德将正义划分得更细致，为一般正义（general justice）、具体正义（concrete justice）。布莱恩巴里，这位现代正义理论大师，在《正义论》中把正义内容具体分为"互利正义"（mutual benefit justice）和"公平正义"（fair and justice）。而赫勒根据类型不同，将正义分为社会正义、政治正义和伦理正义；根据形态不同，分为静态和动态正义；根据完整性不同，分为完备正义与不完备正义，以下根据正文的形态和完整性不同分别作出/展开阐释。

（1）静态正义与动态正义。赫勒审视了正义的概念，她按照历史阶段将正义分为静态正义（static justice）、动态正义（dynamic justice）。在赫勒看来，以前的传统社会中的静态正义"应用于特定社会群体的各种规范和规则，能够持续不断地、持之以恒地适用于该社会群体内的每个成员"[1]。作为社会成员应遵守的规范和规则，正义是社会成员行为判断的最高权威。在她看来，传统的社会正义是永恒、完整的，在静态正义的指导下一个公正的社会现代性促成了传统社区社会的解体，在现代多元化的社会中，静态正义的概念一般都失败了。吉登斯用现代动力学理论来分析这一点，他指出，传统社会受到现代科学的推动而解体的原因之一在于"现代性"的发展。在吉登斯看来，现代社会的人们运用了科学反思的作用，因而使过去人们所认为的知识权威，在现在看起来都是虚假的、可质疑的，以及随时被修改的，所有的一切看起来都是建立在流沙之上的，毫无根基和稳定性可言。在这种大背景下，过去传统社会的旧规范和旧规则已经不被认可，新的正义理论开始挑战过去的传统正义观。所以，当人们认为有些规则与规范是非正义的并且可以毫不犹豫地放弃时，新的规范和规则将被承认并成为判断社会成员行为的新标准。传统的规范和规则被认为是不公正的，因此失去了效力，因为它们不再符合现有的普遍价值观；新的规范和规则是根据正义标准被确立并得到承认的，这形成了动态正义的概念。在现代社会之后，传统社会的共同体逐渐消失，静态正义势必转向动态正义。因为，过去的规范和规则已经不适应现在的动态正义，动态正义的出现促进了社会进步，并且促成社会新规范和规则的出现，动态正义就是以这种方式在我们的社会发展中获得了"永恒的地位"。

因此，赫勒推论，"……在现代社会至少在西方社会，动态正义已经成为一个静态的元素，因为它的存在已经被视为理所当然……"[2]，但动态正

---

[1] [匈] A. 赫勒：《超越正义》，文长春译，黑龙江大学出版社2011年版，第5页。
[2] [匈] A. 赫勒：《后现代政治状况》，王海洋译，黑龙江大学出版社2011年版，第145页。

义如果全部取代静态正义，那么现实就将被描述为"不义的灾难"[1]，这是现代性发展的结果所产生的正义危机。也就是说，在动态正义的情景下，过去传统社会的各种规范和规则都可能在现代社会中被认为是不公正的，因而，在多元社会中是不可能构建一套普遍通用的规范和规则。

（2）完备正义（complete justice）与不完备正义（incomplete justice）。面对现代社会的现代性危机，赫勒认为，一种普适且完备的伦理政治正义观在当下已经不再可为，因此赫勒提出了"不完备伦理政治的正义观"这一概念。在此之前，完备恒定单一的静态正义形式是适合传统社会的普遍通用的正义形式，从传统社会到现代社会的过渡过程，也是从完备正义概念转变和过渡到不完备正义概念的过程。完备的正义概念在传统社会中，主宰和关照着社会生活的所有领域；但是现代社会里，伦理—政治正义的概念由于受现代性的影响而导致其本身理论的分裂，渐渐区分为特殊的社会政治范畴。这些特殊的社会政治范畴的崛起，是现代性的发生导致的现代社会与传统社会的相异之处，如市场经济领域，或市民社会领域，或精英阶层领域等。赫勒认为，在现代社会中正义之伦理概念已经失去了以前传统社会中的神圣性、完备性，传统社会中的完备的正义概念已经无法代表和阐释现代性张扬的这个时代中关于正义的定义了。赫勒对于完备的正义的定义是这样进行阐述的：它"反映了一种单一的生活方式，使一种特殊类型的伦理理想化……"[2]。

因此，关于完备正义，其本质上与以共同体为核心的传统社会的价值追求有关。比如古希腊城邦时代，哲学家们就认为个体应该服从集体的需要，即个人正义要服从城邦正义。例如，亚里士多德就坚持认为："尽管这种善于个人和于城邦是同样的，城邦的善却是所要获得和保持的更重要、

---

[1] 文长春：《正义：政治哲学的视界》，黑龙江大学出版社2010年版，第257页。
[2] ［匈］A. 赫勒：《超越正义》，文长春译，黑龙江大学出版社2011年版，第246页。

更完满的善。因为，为一个人获得这种善诚然可喜，为一个城邦获得这种善则更高尚［高贵］，更神圣。"❶ 到了近代社会，大哲学家黑格尔就认为："柏拉图所关心的是他的共和国，至于那个个人只不过是手段而已；他只想通过他来实现自己的理想国……"❷ 所以，以建立共同体为基础的传统社会中完备的正义理论就是其理论基础。随着现代性的出现，现代社会中，完备正义概念的伦理意义与社会政治概念的意义之间出现了现实变化的张力。因此，在赫勒看来，在现代社会中，完备正义概念在现代性理论的张力下达到了"瓶颈"。例如，她在《权利哲学》中说："黑格尔将公民社会概念化为国家之合法性的基础和来源时，当黑格尔将国家构设为宪法、各种法律的总和以及合法政府的化身时，完备的伦理政治的正义概念必定破碎。"❸ 国家的利益不是最高利益，而是一种仅仅惩罚犯罪并保障消极自由的政府机关，因此，社会和政治哲学组成了正义的政治伦理，但政治伦理是作为处理公平及惩罚问题的正义维度，因此人类社会中的人们追求伦理维度的任务是由道德哲学进行的。

可以看出，从完备正义概念向不完备正义概念的过渡不仅是一个从传统社会向现代社会转型和转变的过程，也是哲学家们努力进行改造和重建现代社会政治正义的理论构建。因而，我们可以说，在赫勒看来的关于完备正义的定义本质上是与传统社会对共同体价值的追求相统一的，但人的自由与价值在现代社会中的地位转换和强调促进了不完备的正义的产生。

而对于不完备正义的概念，赫勒具体表述为："为不同的生活方式构建一个共同的规范化基础。……它假设同时并存的不同生活方式之间能够通过彼此互惠的纽带连接在一起。"❹ 赫勒分析并指出，在每个参与者的谈判基础上，共同的规范基础是合法有效的，也即，谈判的伦理是最普遍的

---

❶ 亚里士多德：《尼各马科伦理学》，廖申白译，商务印书馆2003年版，第6页。
❷ 黑格尔：《哲学史讲演录》（第2卷），贺麟、王太庆等译，商务印书馆1960年版，第273页。
❸ Heller, Agnes, *Beyond Justice*, Oxford, Basil Blackwell Ltd., 1987, p.91.
❹ ［匈］A.赫勒：《超越正义》，文长春译，黑龙江大学出版社2011年版，第233页。

原则。在赫勒看来，只有在谈判中确定人的自由和生命是最高价值时，才能最终实现谈判的伦理，才能达成共识的规范基础，在此基础上才可以建立正义和社会政治的内容。因而，赫勒分析得出：人们需要改变关于道德—政治正义概念的这一初步设想，因为，现代社会的生活是由多元文化组成的，处于在这种多元文化之间的人们应该相互联系、相互回应，以创造理想的生活。所以，在此意义基础之上，不完备正义的概念就包含着社会政治内容和道德内容。

在这其中，对于我们后现代社会中的社会正义，也要做到保障多元文化主义能够相互受益，从而为社会建立一个可能的标准化基础。道德的内容是为世界提供道德取向。社会正义是保证社会行为的一般原则，可以最大化地体现"道德黄金法则"。在赫勒看来，若规则和规范同时被群体的共同体所遵守，那么这样的社会可以说是政治上实现了自由、平等等价值的完美社会，人人在多元化的后现代社会中都可以生活得很美好，社会也会变得更加美好和理想。因为，赫勒的观点是：政治完美、社会完美，人的自由和生命的价值才得以体现，才是最终地真正地实现了正义。在这个意义上说，上述观点正形成她理论所具有的独特性、新颖性。

3.2 "超越正义"的概念及其内涵

正义，是千百年来人类一直不断追求的理想，实现正义是不同时期不同社会的人们努力追寻的事业。在这里，赫勒这位目光敏锐、对社会现实予以反思和探索的哲学家，以深刻的洞察力和独特的思维方式为我们呈现了一种非常独特的关于正义概念和思想的解读。在赫勒解读的正义世界中，人们可以实现正义，并且可以"超越正义"。

3.2.1 "超越正义"的概念解释

自柏拉图在其著作《理想国》中提出"正义"这一语词以来，对于正义的追求，人们的脚步从未停息。正如爱存在于生活中，正义也是存在于人们的生活世界之中的，同时，人们也渴求着所生活的社会世界是一个充满正义的世界。那么，正义的世界是可能的且可欲的吗？是可以渴求的吗？千百年来，诸多的正义理论学者给出了诸多不同的解释。赫勒认为，后现代社会中正义已经发生了实质性的变化，已经不同于以往社会中的正义，不断趋向动态化。因此，为了实现正义，她提出"超越正义"的理论。赫勒分析，如果一个社会在某种程度上，真正地做到实现"超越正义"的社会，那么从我们现代意义的政治社会来说，这样的正义社会就是一个不再有什么其他所谓的正义可以定义的社会了。❶ 因而，她明确地指出："如果我们选择了一个根本不存在和不可能存在不正义的社会，那么我们就选择了一个没有正义的社会，因为'正义'的概念将不再有意义。"❷

在我们看来，赫勒其理想的社会模式具体表现为：人是理性的，是道德的人，他们即使犯了错误，也可以通过相互惩罚来解决矛盾。人人平等，都具有道德和理性，因此没有人会做坏事。在赫勒认为："如果没有人能够犯下不正义之错，也就既不存在正义也不存在不正义，因此，作为一个概念的'正义'就没有任何意义，我们也就真正'超越了正义'。"❸ 赫勒就是这样通过生活中的一些事例来提供其理论论证的，以加深人们对她的"超越正义"理论的理解。她为我们列举了以下这些事例，第一个事例：

---

❶ [匈] A. 赫勒：《超越正义》，文长春译，黑龙江大学出版社2011年版，第236页。
❷ [匈] A. 赫勒：《超越正义》，文长春译，黑龙江大学出版社2011年版，第236页。
❸ [匈] A. 赫勒：《超越正义》，文长春译，黑龙江大学出版社2011年版，第237页。

如果人们为了坚守对朋友的真诚和信任，在面对别人的污蔑时依然坚持自己的正直，那么他们的这种行为就实现了"超越正义"。第二个事例：如果人们能够冒着可能会受到牵连或者付出生命的风险，保护和帮助那些受到社会迫害的朋友，从这个意义上来说，这样的坚持正义、临危不惧，赫勒认为，他们这样的凛然大义的正义行为，就是实现了"超越正义"。第三个事例：如果人们为了坚持社会正义，而坚持自己的正义行为和思想，甚至可能会影响其社会地位或工作，在赫勒看来，这样的坚持正义的人们，是值得尊敬的，他们的行为就是实现了"超越正义"。第四个事例：如果人们在社会生活中，为了帮助别人处理好各种家庭事务的纠纷问题，宁愿冒着被人误解或者被人所憎恨的后果，依然选择给予当事人好的善意的告诫的话，在赫勒看来，这样的人们坚持正义、坚持原则、正直诚实，因而也是实现了"超越正义"。

以上这些事例表明，对于我们大多数人来说，赫勒的"超越正义"似乎是凌驾于现实生活之上，现实的生活中这样的事实不太多见，但是我们从赫勒那里，看到了理想的正义是有可能在现实生活中出现的，这样的"超越正义"行为将会引导我们在具体生活中的行为。上述简单概括为：她所建构的"超越正义"中的具有正义感的正直的人，是那些具有自我奉献和无私高尚、具有牺牲精神的人。在赫勒看来，我们去帮助那些受到迫害的人，如果仅仅只是出手相助，那只是实现了正义，而没有做到或者说是没有做到帮助他们进行伸张正义，即赫勒的"超越正义"。"超越正义"对正直的人来说，其道德要求将远高于他们自己本身应该具有的基本的道德和义务。一个诚信的人遵守跨文化伦理，因而他遵守了社会规范，也是一个具有诚信的人。当然，诚信的人可以对不正义的事情加以纠正，以此来检验不公正的社会规范，并宣称它是无效的。因而，赫勒的关于"超越正义"的定义，其行为不仅是一种单一的表达善的行为，而是赫勒的那种将崇高的正直、诚实、善良的行为内化为内心的道德品质的。

3.2.2　正义的目标是实现"超越正义"

正义的目标是实现"超越正义"。在当前社会多元化的视角下，选择并不单一，因为美好生活的三个最主要的要素包括：诚实守信的人、将个人才能发展成人才的可能、人与人之间相互形成紧密的人脉关系。这三个要素是不可分割的。正直善良的人，才是真正的人。诚信的条件是人们对自己所处的社会环境的规范和价值观有自我意识和自我觉悟意识，他们的行为始终贯穿着这种关系，使"正直之人的行为通常被认为就是'目的本身'"❶。当然，这仅仅是诚信而不是其他。

在赫勒看来，后现代社会中的人们对于自由和生命价值的追求，就是全体社会中的人们的价值追求和最终目标，因而伴随这一社会价值追求的社会生活，就是赫勒理想的政治生活的目标追求，因为，赫勒认为，只有这样的社会生活目标，才可以实现所有人的良善生活，并且这样的良善生活才有可能实现，而且这样的社会生活目标是唯一的前提条件。因为良善生活作为人类社会命运共同体的存在方式，它是渗透于人们的社会生活中的，比如人们之间的社会交往，人们的各种协商、商谈等各种社会行为，人们所具有的正直善良的内在高尚品德也彼此共同分享，因而社会也是实现了良善的社会，人们也是拥有了良善生活的个人。从这个意义上来说，赫勒所说的良善生活、高尚品德的好人，就是崇尚了人的正义感，崇尚了人的正直、道德感。因而，"人的特性是，具有正义感与非正义感，参与对

---

❶ ［匈］A. 赫勒：《超越正义》，文长春译，黑龙江大学出版社2011年版，第50页。

什么是正义的共同理解，会创造出城邦"❶。

综上所述，对于什么是正义的追求、价值观、正义感等，需要基于实现正义和对良善价值的研究，不是纯粹为了道德理性而出发。虽然罗尔斯等学者认为正义中的正当对于善具有优先性，然而，这只是从伦理学中的道德正当性的角度来看问题的，实际上，正当性仅仅涉及人的行为规范及某些制度的运作方式（某种形式正义），它其实不能解决如社会分配正义这样的一些属于实质正义的问题。因为，如果正义仅仅是由道德正当性的实现所规定，而不能基于实现善的最大化的原则来丰富正义的内涵，那么这样的正义是有问题的。比如，一个社会的制度虽然能够满足道德上的正当性的要求，但是，如果这种制度下生活的公民只能过上一种贫穷的生活，虽然符合正当性要求，但并未实现正义。当然，这里是探求在遵守道德原则之优先性的前提下，如何促进对于实质性的善价值的追求，因为它关系到整个社会成员的生存状态。

赫勒认为，在社会群体中，人们必须按照某些规范和规则来行动，其中对正直善良者的判断是最基本的正义感，个人在群体中对他人的不当行为所造成的伤害会引起众多个体的愤怒，而且当个体看到他人的行为会造成对其他人的伤害时，即使没有危及自己的切身利益，也会引起愤怒感情，个体所具有的这种正义感是赫勒认为的实现美好理想生活的最根本的动力所在，这是因为，在她看来，善良是对抗邪恶的根本力量。在以前的暴君统治社会中，其社会制度是为了保障暴君的统治，不是为了保护被统治的人民，因而那样的制度成为伤害人民的武器。她的观点是，法律作为社会的规则和规范，暴君的统治代表了暴君的个人统治意志，此时正义并不存在。比如，亚里士多德就曾指出：在暴君统治的社会中，对于全体人民来说，暴君其实就是最大的邪恶，因而代表了暴君意志的法律也是最大的邪

---

❶ ［古希腊］亚里士多德：《政治学》，吴寿彭译，商务印书馆1970年版，第29页。

恶,这样的法律,它所代表的和其所执行的司法,无法真正代表正义的执行,因而就是不公正的司法,法律成为当时的"最邪恶的恶"。所以,在暴君的社会统治下,善良对抗邪恶就表达了一个道德高尚的人的善良。

3.3 赫勒"超越正义"理论的内在逻辑架构

赫勒"超越正义"理论的起源来自对东欧二战及其后西方社会现实的反思和考问,她力图通过"超越正义"理论的构建,来推进她改造社会现实的现状和实现正义的哲学家理想情怀。在她看来,"超越正义"的实现就是良善生活的实现,而良善生活的实现的前提条件是正直的人,现代性视域中正义与道德之间的危机是赫勒"超越正义"理论的现实诉求。本节在此仅简述赫勒正义理论内在逻辑的基本要义,详细在后面的章节进一步展开。

3.3.1 正直的人是"超越正义"理论的核心主体

赫勒"超越正义"的实现是以实现良善生活为最终的归宿,而良善生活的实现需要的是正直的人。在她看来:只有正直的人作为具有美德的良好公民并成为主体,才可以实现最佳的社会政治生活世界。赫勒的"'良善生活'包括三个要素:第一,正直;第二,个人从天赋到才能的发展;第三,个人的情感联系"[1]。赫勒认为这三个要素中,正直是最主要的因素。

柏拉图有言:"德性是心灵的秩序。"也就是说,合理的德性规范不

---

[1] [匈] A. 赫勒:《超越正义》,文长春译,黑龙江大学出版社2011年版,第285页。

立，优良心灵秩序的形成则难以预期。在赫勒看来，后现代社会面临的日益多元化、复杂化的道德生活场景，伦理的坚守、道德的践行关乎着社会正义的实现，关乎良善生活的实现。但是赫勒也认识到，"正义"是一个很容易产生不同理解的定义，会有很多歧义，正如有学者指出："正义观念必须被认为是无理性的理想。"[1] 因此，正义观念犹如变幻的情感——犹如希腊神话中变幻无常的普罗透斯之脸。赫勒认为，要把握正义这一变幻莫测的观念，首先需要有具有美德的良好公民，即正直的人。按照赫勒的设想，良善的人按照自己的行为习惯，遵从自己的内心，在社会生活和人际交往中遵守规则和规范，坚持按照自己的原则做自己认为正确的好人，在自己的内心道德指引下做好事。

古往今来，对于人们来说，真正做到"正直的人"，并非如此简单，甚至坚持自己的内心和道德标准进行社会行为和社会生活，这样的看似单一、普通的事情，对大多数人来说甚至还无法企及，更遑论很高的个人和社会的道德理想境界。这是因为，道德规范从本质上来说是基于人们的日常现实生活的，但是这样一个从理论层面出发的个体道德理性和个体道德立场的问题，如果处于后现代社会的政治状况下，人们的心态已经健全、心智已经成熟，人们也是更加理性和睿智，它根本就不会成为一个难题。然而，伴随着现代性的发生，道德理想主义已经在社会生活中衰退，虽然这并不意味着人们要放弃对道德理想主义和超越价值的追求，但高尚的道德理想境界的到达变得更加难以完成。赫勒就认为，良善社会需要具有美好德性的正直的人作为"超越正义"的实现主体。因而，赫勒为正直的人的具体实现构建了 13 个条件：良善的道德感；规范的存在；假设；个人的相对自治；商谈，等等。用赫勒的话，对正直的人（an honest person）理解是：

---

[1] 转引自 [美] E. 博登海默：《法理学——法哲学及其方法》，邓正来译，华夏出版社 1987 年版，第 246 页。

"如果一个人对……共同体（社会）的规范和价值存在自觉和自我意识的关系，并且如果他的行动始终如一且遵循这一关系的话，那么他是正直的。"[1] 同时，她指出，正直的人还包括：超越天赋的社会发展、超越个人的社会情感联系。"超越正义"的实现在本质上就是对人的自由和生命价值的肯定。传统社会中的静态正义下的人，因为存在与现代性的冲突和矛盾，当正义观念的演变到了后现代社会中成为动态正义，需要有人的正直、正义感来作为"超越正义"的实现主体，因而正义感的现代性也是"超越正义"的题中应有之义。

3.3.2 现代性视域中正义与道德之间的危机是"超越正义"理论的现实诉求

在20世纪60年前后，以欧美为代表的西方国家经济发生腾飞，前后相续开始了"后工业社会"。与此相适应的，西方文化在各个文化领域（如政治学、哲学、文学、女权主义的研究等）也发生了重大变迁，人们开始对近现代文化进行反思和抨击，这就是我们称之为"后现代主义文化"的问世。而作为后现代主义的批判对象"现代性"（modernity），意指一种西方的历史和文化（具体的时间范畴是自文艺复兴、启蒙运动以来至今，特征是理性批判，即It refers to Western history and culture since the Renaissance and Enlightenment. It is characterized by "brave use of your own reason" to judge everything.）。作为像赫勒这样的后现代思想家们，他们不仅是"操心之人"，更是直面现实的哲学家。因此，挑战、批判现代性便成为赫勒等后现代思想家的主要任务。正如福柯所指出的，如果我们今天的哲学任务和哲学行为不是为了用我们的思想对现实加以批判和进行指导的话，那么哲学存在的价值何在?！如果哲学的存在和意义不是为了对现实加

---

[1] ［匈］A. 赫勒：《超越正义》，文长春译，黑龙江大学出版社2011年版，第294-295页。

以思考并且对问题加以解决的话，那么哲学的价值何为?!❶

在赫勒看来，第二次世界大战中人们的不幸及今日人类社会的一些问题，绝非单纯的政治事件或者社会发生的偶然问题。现当代情景下，现代性的发生导致社会和人本质发生了根本的转变，主要是现代人的道德观念、思维方式、行为方式等发生变化，人们不再将道德德性作为首要的价值意识形态和自觉按照道德的标准来遵守社会生活行为中的规则和准则，等等，这就意味着现代性危机的存在。赫勒在其著作《后现代政治状况》(*Postmodern Political Situation*) 一书中，指出："后现代既不是一个历史时期，也不是一个特征清晰的文化或政治思潮。"❷ 这是因为，在赫勒看来，不同于以往的传统社会，现代社会现代性的发生导致了价值多元的社会，传统价值和美德已经沦丧，而后现代主义作为对现代性发生的一种深刻反思，不仅要批判传统，也在批判现代性存在的本身。因此，赫勒的"超越正义"理论是以现代性批判为切入点展开的，她最终关心的是后现代社会中现代人的生命和自由的价值问题。她认为，人类社会要生存和发展下去，必须解决这些问题和难题，需要追本溯源，解决现代性危机中存在的这些问题。因而，她指出，现代性危机的实质就是传统社会发展到现代社会的正义危机，现代性危机的消解需要实现"超越正义"，"超越正义"意即实现了正义。同时她指出，在实现"超越正义"的过程中，需要考虑伦理政治正义在现代性中的分裂，以及"超越正义"与不完备伦理政治正义之间的关系。因为，在赫勒看来，不完备伦理政治正义概念的实质，就是在多元文化社会中为不同生活方式的人们提供一种可以建成社会共同体的社会政治和道德的规范化基础。她期望构建的美好社会生活就是实现了从不完备伦理政治正义到"超越正义"的飞跃。

---

❶ M. 福柯：《性史》，上海科学技术文献出版社1989年版，第163页。
❷ [匈] A. 赫勒：《后现代政治状况》，王海洋译，黑龙江大学出版社2011年版，第1页。

综上所述，赫勒反思现代性的发生、对正义问题的深刻思考和理论拓展，体现了她在现代社会中热切期望重新唤回传统社会的美德，热诚期望人们可以自觉的、自发的按照过去的道德要求做良好公民，以及具有这种良好道德的公民成为最佳的社会政治生活世界的行为主体。我们可以深刻体会到这位哲学家期盼良善生活实现的强烈美好愿景，赫勒的这种独特的对现代性问题的深刻理解，使她的正义理论不仅引领了东欧新马克思主义思想流派，而且对于现代西方政治哲学的发展也具有特别的理论影响。

3.3.3 良善生活是"超越正义"理论的最终归宿

在亚里士多德的《尼各马可伦理学》开篇就提出了善的目的论：一切技术和研究，同样地，一切实践和选择，都以某种善为目的。所以说，善一般是指人们希望得到的任何东西。善是一切之目的。有人认为善是一种内在的性质，有人认为善是一种关系，这种关系表现为喜欢、欲求、满足等。学者们认为善是一种关系的，都否认善是一种内在的性质，所谓内在的善，就是说即使没有别的事物存在，它也是善的。柏拉图的善理念说可以简单概括为，有一个独立于具体的可见善本身，具体的善因为分有这个善理念而是善的。根据对善的不同理解，有三种主要的生活方式：多数人或者一般人把快乐等同于善，喜欢过享乐的生活；另外两种生活是政治的（公共的）生活和沉思的（思辨的、客观的）生活。我们认为生活就是各种活动，包括战斗、生产、消遣，也包括思辨活动（灵魂中最高部分的活动）。若要生活得好，就要求做好各种活动；从事不同活动的人有不同的幸福，虽然都做得好，但在不同的活动中，灵魂中最高部分活动的程度不同，有多有少，因此相应的幸福也有多有少。

赫勒关于"超越正义"可以实现良善生活的理论研究，其主旨就是对于美好幸福生活的追寻。她对于后现代社会中人们的美好良善生活的构建，是基于对最早的古希腊柏拉图善的理论的倡扬，加上了自己关于后现代社会正义的思考。她的目的是"否定"正义，因为在她看来，人们未来拥有的美好生活世界将实现"超越正义"，正义变为世界运行的普遍规则，不再需要提倡或伸张，即"否定"之意。这是赫勒的正义理论的创造性价值和意义所在。自古以来，虽然有柏拉图、亚里士多德、康德、马克思等伟大的思想家和哲学家思考正义，但是从来不曾有人提出"否定"正义是为了实现"超越正义"这一理论构想。在赫勒看来，现代社会状态下，人们的社会政治和经济基础关系等发生了根本的变化，平等和正义将作为历史概念被人们再次反思探究，而她对于正义的独特理解角度，正是对其他哲学家正义理论的一种超越。赫勒理论的基点是其坚持认为要建立的正义主体是"正直的人"。因此，从这个意义上来说，赫勒受到了康德的至善思想的启发和影响，人的善良是由道德法所决定的。当然，这与赫勒的经历有关，她虽然幸运地逃离了纳粹的迫害，但是她痛苦的经历让她明白，只有对人的道德进行改变，不让他们去做邪恶的人，这个社会才会美好，才不会有邪恶的战争、恶行及罪犯，等等。所以，赫勒希望通过改变人们的道德哲学精神面貌去改变恶行。但赫勒理想中的这样一种善良诚实的人存在吗？他们将存在于什么样的社会中？这是需要结合现实进行论证的问题。因为，随着现代性的发生，人们的社会经济基础和政治现状发生了根本改变，自由、生命、平等、正义等价值已经被提升和关注，因而人们的意志、欲望会经常出现碰撞，因而人与社会之间、人与自然之间、人与人之间的利益冲突事件频繁发生。赫勒理想中的"正直的人"，在现实的考证下在一定程度上是无能为力的，其美好生活的时空性质使其理想难以逃脱乌托邦的命运。做一个正直善良的好人，不仅需要一个好人的内在品质，如宽广的胸怀、睿智、机智、诚实、正直等，同时还需要外部环境的支持，比如受到严重伤害的人不能以公平和温和的方式行事，否则正义必将得不到真正的实现，所以外在的善良也是人们拥有美好生活的一种必要条件。

在赫勒看来，虽然人们的价值观是多元的、正义是异质的，但人们可以分享美好的生活。而且，生活方式的真正多样化恰恰是每个人的生活实现良好的必要条件，美好的生活只能在最好的社会政治世界中实现，而美好的生活完全取决于个人的生存选择。生活方式的选择，无论是对于过去存在于传统社会的静态正义，还是对于现代社会存在的不完备正义，或者是道德正义等，它都是实现美好生活的一个过程和条件。赫勒的最终目标是超越正义，因为正义自身的目标就是超越自身。"正义是骨骼，良善生活才是血肉。"❶ 正直、自我构建与情感联系这些良善生活的构成元素会帮助我们超越正义。有了正义作为骨骼，美好生活的实现才真正具有血肉之躯。诚信、自我建构和情感联系这些美好生活的元素将帮助我们"超越正义"。赫勒最终主张"超越正义"作为正义的最终目标，因为，对所有人来说，我们追求的不仅是美好的幸福的生活，而且是一种实现了人的自由和生命价值的生活。所以，不管是静态正义，还是动态正义，它们都是人类回归美好生活、实现良善正义生活的必由之路。虽然我们不能精心设计一个美好的生活模式，因为每个人对美好生活都会有着自己的追求和理解，我们认为一种好的生活方式，对其他人来说可能不一定也是美好的。赫勒认为，只要人的本性是正直的，从人才，到人才的发展和人才的使用，以及个人关系的情感深度培养过程都是在实现"超越正义"的美好的生活。

---

❶ [匈] A. 赫勒：《超越正义》，文长春译，黑龙江大学出版社2011年版，第285页。

本章小结

  本章是在阐释赫勒"超越正义"理论缘起的基础上，分析了赫勒正义理论。她认为，伴随时代发展、社会变迁，正义理论会发生变化：对于不同的社会时代，正义的概念也有所不同。因此，赫勒的正义概念也产生了相应的理论逻辑指向。首先，赫勒根据正义的基本含义和特征，对正义作了分类型的正义界定，进一步分析了从静态正义到动态正义、完备正义到不完备正义的概念变迁。因为自启蒙运动以来，现代社会呈现多元化特征，"我对你做的，也是我期望你对我做的"的"黄金法则"必然失效，发达的多元社会难以共享单独且唯一的正义规范与规则。因此，赫勒提出"超越正义"这一概念。赫勒经过详细分析和阐述，认为：随着时代和社会的发展，人们依然不能放弃对道德哲学的追求，因为在后现代社会政治状况下，在面对诸多冲突和正义现实问题时，如果需要实现美好正义的生活，人们的目标应该是实现"超越正义"；而坚持做良善的人，依然是实现美好生活、实现"超越正义"最主要的主体构成。

第4章 "超越正义"与正直的人：赫勒"超越正义"理论的逻辑起点

在人们中间勇敢和智慧的确是宝贵，但在所有的好人中间，公正的人是最难得的。

——［古希腊］普鲁塔克：《弗拉米列罗斯》

赫勒认为，现代社会正义不断趋向动态化，正义不断受到质疑，因为正义和不公正是相对的，正义也会产生不公正。如果现实社会中不存在不公正的现象，那就无须展开讨论正义。正如赫勒所指出的："如果没有人能够犯下不正义之错，也就既不存在正义也不存在不正义，因此，作为一个概念的'正义'就没有任何意义，我们也就真正'超越了正义'。"[1]

4.1　正直的人

与赫勒的其他著作《现代性能够幸存吗?》《日常生活》

---

[1] ［匈］A. 赫勒：《超越正义》，文长春译，黑龙江大学出版社2011年版，第237页。

等相比,她的《超越正义》一书是立足于对时代的划分来诠释正义的,我们可以把它看作赫勒对现代性的一种解读。在《超越正义》之外,赫勒在其他著作如《道德哲学》《激进哲学》《后现代政治状况》《现代性能够幸存吗?》等多部著作中不同程度地讨论了基本相同的关键问题:"什么是好公民?好人何以存在?正直的人存在,但他们何以可能?"

4.1.1 "正直的人"的基本含义

"正直的人",无疑是一种个人价值的选择。道德的中心问题和目标,是个体和群体生活的改进。比如,在西方伦理学中,柏拉图在《欧绪德谟篇》中讨论了苏格拉底的观点:我们全都希望生活得好,那么我们该如何生活得好呢?我们感觉幸福,是因为自己拥有了一些好东西;如果有什么知识人们获得或者拥有了才能成为幸福的人,那么这种知识是什么?这就是人们的实践智慧和德性。在这里,做正直的人与幸福的人是密不可分的。[1]这也正如伯纳德·威廉斯所言:我们所谈论的这些问题,最终是需要有着各自品质的性情中的个人的存在和他们自己要引向生活。在一定意义上,个人的性情优先性是必需的真理,性情优先性也就是我们通常所说的正直的人所应当具有的特性。在这个层面上来看,社会的或伦理的生活必定存在于人们的性情之中。因此,前面谈到苏格拉底的问题,应当是"我该如何生活"的问题,而不是"我应过什么样的伦理生活"的问题。曾几何时,哲学承担了远比思想内容要多的承诺。又如,在《申辩篇》中,"雅典人啊,你们难道不为自己那么多地铆足了劲地赚钱攫取声望,而在同时却不想关心促进真理、智慧和灵魂而感到羞愧吗?"苏格拉底的这一

---

[1] Plato, Euthydemus, 278e, 280b, 282e, 见《柏拉图全集》(第2卷),王晓朝译,人民出版社2017年版,第11、14、17页。

诘问，说出了我们的灵魂状态，也呈现了他自己的状态。

在马克思构建的以实现共产主义社会为最终目标的宏大叙事理论中，他最根本的出发点是为了实现对人的自由和发展的解放。在马克思看来，正是因为存在剩余价值，无产阶级被压榨，所以只要现实世界存在社会生活，就必定需要公正和正直。因为人是生活在现实中的，对人的解放的实现，需要落实在每个人的现实生活中，并且人是通过与社会的关系而生存和生活在现实世界之中的。人，必须是个性化的存在，正是在这个意义上，马克思说："在任何情况下，个人总是'从自己出发'……由于他们的需要即他们的本性，以及他们求得满足的方式，把他们联系起来（两性关系、交换、分工），所以他们必然要发生相互关系。"❶ 人们通过自己的社会劳动参与社会、参与社会生产和生活，所以，离开了现实的社会关系，就不存在什么所谓的个性的创造；类似地，如果没有了人的历史，也就不是人类的历史。在马克思看来，人的哲学本体论上的"存在"的定义，是由个人来进行社会的创造，更加理性和理想的社会依然需要个人来创造。同理，理性理想的个人，也是由人的自由发展来进行创造的。如果没有实现每个人的自由和发展，那么社会就必然存在不公平和不正义，也就存在"不正直"。可以说马克思对于人自身的思考，赫勒"正直的人"理论与之殊途同归，就是对"正直的人"的社会正义、自由和发展的实现。因为正义不仅体现了一种制度的优先安排，也体现着为了整体社会和政治正义发展的个人正直的政治高尚美德。在马克思看来，前者需要政治制度的保障，因而他坚定地要求改变资本主义的剥削，后者则取决于个人的道德实践，即"正直的人"。

赫勒认为"正直的人"是道德哲学中最普遍的问题。关于"正直的人"，赫勒讨论的内容很多。首先她认为，道德包含那些已经内化了的人际

---

❶ 《马克思恩格斯全集》（第3卷），人民出版社1960年版，第514页。

关系，但是道德又不能简单地如此定义。如果道德是人与人之间内化了的关系的话，那么社会关系中必然包含了这种内化的道德成分在其中，在赫勒看来，道德并不构成一个场域，但有道理的正直的人确实是道德的最重要的要素之一。赫勒提出"道德场域"的理论是为了抵制道德的"边缘化"，她虽然赞成这个动机，但明白这是个虚假的命题，因为抽象的规范和美德确实是理想的目标，但它们构成不了一个场域。比如，在战争中、在社会制度中，当人们提出与占主导地位的人的想法不同的意见时，我们受到的却是同一规范的引导或被某一特定规范所引导，因此赫勒赞同哈贝马斯的"商谈对话"原则。她认为，对话的目的就是达成共识，建议新的规则和规定。对话可以使理想目标被理性地构建，进而有可能取代有问题的理想目标。然而，理想目标本身并不构成场域，即使它们源于实际对话，对话可以指导我们在场域中的行动和实践。所以，在这一点上，赫勒是赞同和接受哈贝马斯的观点的，就是：道德规范是由实际对话构建，或者可能由这样的对话构建。

其次，赫勒指出，如果需要论证"正直的人"作为传统道德哲学的理论出发点的话，那么回答是：作为道德哲学中的道德，其基本的成分已经在"正直的人"的良善生活中被同化了。这是因为在现代社会中，人们之间不同的生存方式及相互之间的竞争的状态，使人们不得不面临各种选择，这样的现状很难实现以前传统社会的那种道德哲学的出发点，对于那些希望选择道德哲学或者说希望倚重道德精神的人来说，有着尴尬的选择困境。在这种情形下，可以考虑和欣赏康德的"形式主义"。赫勒认为，为了解决这种尴尬的困境，康德的正直的人的目标就达到了自己的道德原则和理念的创建高度。

道德哲学家大多是在假设一些原理和场景来构建良善生活，然后再从中推理出一种美好的生活方式，既抽象也复杂。我们知道，后现代社会的特点是多元和变化，每个人在不同价值观的引导下形成不同的理念，对某种人来说是理想生活的方式，可能不是其他人想要的。比如，有些人认为奢华生活是幸福的，但有些人就喜欢简朴，等等。因而，相对于过去传统哲学家的观点，现代道德哲学研究如果要实现现代社会中的关于正直的人的良善生活，其理论出发点已经发生本质改变。所以，赫勒指出，柏拉图提出的正直就是"最好忍受不义而非践行不义"的观点，以及其他哲学家的相关理论，赫勒认为都不理想。因为在赫勒看来，他们的定义已经足够抽象，定义内容虽然提出要正直，却未涉及实现良善生活的具体行为方式；这样的定义是假设人们在面对别人干坏事，而好人的唯一的选择是忍受坏人的邪恶，这样的好人才是真正意义上的好人。而赫勒"正直的人"这一定义本身内在所具有的特定的、对人的自律和道德精神所规定的普遍性特征，基本上适用于各种类型和具有任何道德特征的社会体制。

最后，赫勒重点指出的是，正义不能完全排除道德（道德习俗）和作为道德的形式主义的行为本身。在赫勒的理论分析中，她认为，现代社会中人们的道德哲学已经是一种恒定不变的精神状态：它不是作为人们对美好生活的一种追求，而是被人们在精神上视为一切可能的美好生活。由于赫勒强调诚信是如此重要，一个正直的人通过诚信的存在而成为可能。然而，在人们的现实生活中，"正直正义的人"（integrity and justice person），又是何以存在和可能的呢？在《超越正义》中，赫勒指出"正直的人"拥有的 13 个特征："良善的道德感、规范的存在及规范的有效、个人相对的自治、自我意识、伦理商谈、规范世界的相对稳定性、社会领域的相对稳定性、良善判断及实践智慧、智力合理性的发展、善良意志向行动的转化、抑制错误的可能性、将天资转化为有德行的人的可能性、纠正。"❶ 在她看来，"并非所有正直的人都有最佳的社会—政治世界的承诺，只有作出实

---

❶ ［匈］A. 赫勒：《超越正义》，文长春译，黑龙江大学出版社 2011 年版，第 293—294 页。

存选择并使其后来的所有选择都服从于道德准则的那些人才会这么做。"❶ 人们在社会生活中进行社会实践时依据自己的道德规范和规则行动，意味着人们是在坚持自己追求美好社会生活的活动，如果人们不是遵守自己认同的规则和规范，那么这样的人们的社会活动，我们看来就是"不正直"的。如果人们是按照自己认同的规则和规范而且是在特定情况下应用这些规范和规则，这样的前提就是道德行为主体必须具备很好的道德判断力。这是因为，如果正直和诚实的人们在日常生活实践之中不断实践和提高自己的道德水平，那么他们就是在不断提高自己对社会道德的规则和规范的遵守能力和选择运用能力。

因而，赫勒阐述道："没有'好人存在'是真实的这一理论前提，就根本没有道德哲学。"❷ 如果一个人对自己所处团体的规范和价值观有自我意识和自觉意识，并且如果他或她的行为始终遵循这种规范和价值，那么他就是一个正直的人。而我们生活在一个多元化的道德世界中，有许多规则供我们进行选择和遵守，我们中的绝大多数会依据自身的个性爱好、性格特点、行为习惯等而选择不同的规则，这是因为人们拥有各种不同的心理因素，而不仅仅是出于道德精神的因素。也即是说，出于人们内心各种不同的道德心理内因，或者说是行为习惯，很多人会懂得从道德这一出发点进行自己的选择和行动，因而我们需要作出最终的道德，以及在对做好人和做坏人之间作出自我选择，这是需要在人们的一系列心理因素指导下进行的选择。内心无形的道德因素，要求我们自己做一个正直善良的人，这样的因素使人实现了实践理性的选择。赫勒将人们的存在选择根据差异范畴进行了具体细分：差异存在选择和普遍性存在选择。并且，她认为普遍性存在选择是存在于善和恶之间进行不同类型生存选择的历史范畴。

---

❶ ［匈］A. 赫勒：《超越正义》，文长春译，黑龙江大学出版社 2011 年版，第 308 页。
❷ Heller A., *General Ethics*, Oxford: Basil Blackwell, 1988, p. 47.

"如果一个人在普遍的范畴下选择了自我，那么他就在伦理上选择了自我。如果一个人选择成为他所是并且如他所是，那么他就从伦理上选择了自己。通过选择自己的决定，一个人使自己自由地成为一个好人，一个自我注定成为好人的人。通过选择成为一个好（正直的）人，他就在善恶之间做出了选择。"[1] 做一个好人，并可以忍受别人不道德行为的善良的人，具有了这种内心道德理性指导的人才是好人。在赫勒认为，这样的人才是真正正直的人，是坚持了"善"的人，是一个作了正确的选择的好人。

4.1.2 正直的人：超越天赋的社会发展

赫勒美好生活的第二个道德条件是：我们有机会将人才培养成人才。善良、诚实和正直是美好生活的基本要素，美好幸福生活的实现，需要我们发挥个人的能力和天赋并使我们成为真正的人才。赫勒分析指出，在社会生活中，如果人们只是实现了道德因素，我们还是无法将自己的天赋发展为才能，因为道德是压制性的，它会约束人的欲望和冲动，一个人为了实现自己的目标或者在利益驱使时容易突破各种约束而随心所欲的。由规范、目标和现实形成的自我对于个体内心来说是虚无的，由非社会、非政治和非伦理规范建立的生活方式是我们所想要的，因为它只可以和"自然"规范进行构建，只有在爱和友谊的纽带中。每个人都是由自己塑造的人，自我是唯一可以打破权威的基石。赫勒认为，正是因为："社会政治规范和规则是压制性的"。"所有的道德规范都是抑制性的，因为在未来要超越正义、超越抑制，就是要超越所有社会政治规范，进而超越道德规范。"[2] 道德对于人来说是具有压制性作用的。道德的压制性作用在本质上

---

[1] Heller A., *A Philosophy of Morals*, Oxford: Basil Blackwell, 1990, p.17.
[2] ［匈］A. 赫勒：《超越正义》，文长春译，黑龙江大学出版社2011年版，第315页。

压抑了人们的个性，限制了人们内在拥有的本性和欲望。因此，人们在实现道德要求的前提下，对富有能力和天赋的人进行培训，使其培养成人才。

赫勒认为，尽管生活方式不同，在一个社会政治群体中彼此的道德可能各不相同，但每个人都必须遵守共同的社会和政治规范。在多元文化世界中，人们通过相互加强的纽带连接在一起，为人才发展提供了最大的机会。最好的幸福生活世界，为人们实现个体的美好生活提供了最基本的社会基础。复杂变化的生存方式给了人们更多的机会改变自己的生活和未来，因而人们可以依据自己的能力和选择，自由地努力改变自己的未来生活和人生设计，从而最好地实现自己的人生目标和能力。人们的生存方式之间所产生的各种互动和变幻对于实现自己的人生目标并没有太大的影响，所以个人能力的发展离不开人的天赋、能力和努力。同时，如果社会中存在的各种政治和社会规范没有受到压制，关于正义的秩序也符合人们道德哲学的要求，人们遵守社会合作的政治框架也不是规定的特有的生活方式，那么人们的个人天赋才能的实现是可能的。

从具有天赋的人到人才的实现，是赫勒良好生活的主题，这是赫勒所设计的最美好的幸福社会生活中的希望。幸福社会中的人们之间建立了相互和谐、相互友好、互助互利的合作关系，从而构建了一个多元化的、互利互惠的多元生活社会，生活在这样的多元世界中的人们的才能和天赋的发展是自我建设和发展的，因而这种个人自我发展的过程也是无限美好的过程，是个人实现自我天赋的过程，也是自我实现价值和发展的过程。尤其是在现代以民主、自由和平等为主要价值的社会中，人们的道德规范，包含了社会政治规范的道德规范、社会道德伦理的及法律所制定的各种规则和规范等。这些都会在实现自我天赋和个人发展的过程中影响个体的自由发展，因而使人们的自由和欲望被一定程度地约束。因此，我们认为，如果人们最基本的人性和欲望被实践理性正确引导，个体自我的天赋和才能就会得到充分发展，而不受各种外在权威主义的影响。从天赋到人才的发展体现了人类的创造力，因为它克服了道德对人格的抑制性约束。人们在遵守社会和道德中的规则和规范时，个体仍是可以依然根据自己的意愿和个性的特征来选择自己意愿中的理想生存方式，进而实现自己的天赋和才能而转变为人才的美好过程，自我努力也是自我实现美好生活的过程。在这样的努力转换过程中，世界是向个体开放的，呈现的是个体所努力的结果。

生活在这个多元和现代的社会中，每个人都有进行自我选择的权利，所有的选择都可以依据自己的意愿，每一个人都可以通过努力使自己成为一个有所成就的人。而有所成就的人与"好人"的意义不同。在赫勒看来，只有具有美好道德的人，才是人类最优秀的人才。从另一个角度来看，社会拥有各种各样的人才，如果社会只是按照人类道德的标准去培养人才，那么就会忽视其他人才的发展。在具有"道德艺术大师"（master of moral art）特征的赫勒看来，所谓幸福的美好社会生活世界的构建不仅仅需要拥有着崇高的美德、极高的天赋、完美的能力等的综合性人才，各具才能的人也是必备因素。因为她认为，人都是可以进行塑造和培养的，每个人最终的发展特性是未知的，需要个人后天的努力和社会的培养，而现实的社会，在很大程度上限制了人才的发展和培养，最简单和最突出的例证就是女性在社会发展中受到的种种性别歧视使女性发展成为人才的机会就比男性更低。

在现代社会中，如何充分实现和展示人的最高生命和自由的价值，还是一个值得思考和实现的问题。在社会现实生活中，如果真正做到了人人都有自我选择、自我实现个人天赋和才能的权利，那么人们就对自我价值的实现和自我构建拥有了自我选择性，他们就越有可能实现美好生活。

4.1.3　正直的人：超越个人的社会情感联系

良善生活的第三个道德条件是情感联系——密切的人际交往。赫勒认为，启蒙工程除了带给我们对绝对自由、绝对自主和有关"将人神化"的思想"误解"，它还告诉我们一个很重要的信息：不能超越人类的条件前进。人性就是人际关系，就是人际关系之自由和自觉构建的思想，就是人类团结的思想。生活在社会中的个体的人应该有自我道德的意识，这是实现社会共同体的全体成员或者社会应该具有的一种道德精神，也正是这种道德要求使人们的行动可以相互制约和相互影响，从而将个体的人发展成为具有才能的人才，以使个体成为具有创造性的个体。尽管在我们看来，个体自我的创造具有相对独立性，但这种独立性是由社会理解的矩阵来引导的。对于一个人来说，创造性自我的自我激励越多，他（她）过上美好生活的机会就越大。个人才能发展为人才作为个体实现个人价值和生活幸福的归宿，而个体对幸福的追求是以个体之间、个体与社会之间的情感作为纽带的，它是个体进行自我实现和自我创造，其本身所具有的社会规则和规范，以及在法律意义上的共同幸福感是同质的。也就是说，具有良好的人际关系这样的社会联系情感强度对于我们来说，是与我们遵守的道德规范是同质的，我们可以由此来敦促自己建立良好的人际关系，以便实现个人能力的培养，使之成为社会的人才，从而利于我们个人的社会发展。

正直善良的人们之间的相互情感联系和社会联系，是符合社会和个人道德标准的。而个体之间的情感联系，人们在相处之间会自觉地进行道德选择、他律和自律，而个体之间的相互情感联系的基本点在于个体在社会中的从属关系或心理从属关系。对于法律而言，即使心理和社会从属关系都不存在，我们也可能找到相关的法律。人们只有在不存在社会道德因素和心理自律因素的前提下，才会选择相对他律。而在人类社会中相对他律在哲学范畴中是呈现逐步消退的态势，我们希望找到关于此问题的对策，目前提出的解决方案关注的是个体的情绪，以及个体情绪的冷漠，更进一步的对策是降低人们的情感兴趣或者是个体的自我放弃。为了改变这一局面，人们可以做到的是：使人们之间的情感（可以看作"爱"或者"善良"）成为最可能实现的目标。综合上述可说，自主和他律总是相互联系、密不可分的。赫勒分析认为，对个体的自我追求如果降低至情绪的低落甚至毁灭的话，那么由此而言所谓的他律在现实经验中基本是好的。因为如果在社会关系中，人们之间不存在社会交往和情感联系，那么就不可能有美好的个体生活、家庭生活和社会生活，所有的个体成员就没有生存的意义和价值，这样的社会也不值得人们生存和发展。因而，对于每个人来说，给予他人更多的尊重、更多的认可，其实并不能代替自己对爱的需求，而只有实现了对他人和社会的爱，才可能实现自我的满足和个体被他人爱的需求，才有可能拥有幸福和谐的良好的社会人际关系，以及每个宁愿忍受邪恶而不做邪恶的人，才可能是正直的人。因为我们生活在共同的一个地球世界里，其中的每一个人都可以在自己的社会交往中选择我们行动的他律。人们之间的人际关系和情感如果是相互和谐美好的，那么人们会在道德和自律的指引下听从自己内心的自由选择，因此，良好生活的世界是相互影响和同化的，并非无动于衷。人们在社会生活中应该热情友好，因为人们需要情感联系，过上好日子是每个具有爱心、道德感的正直的人的愿景。在一个相互友爱、和谐、美好的社会生活中，人们自觉地认同和遵守社会和法律的规则和规范，这是一个个人理性和实践理性相结合的行为过程。但如果是个体的非理性情绪，无法与其他个体达成情感联系的共识。"在个人联系中的'相互关系'不能以在社会互动关系中像彼此互惠被保

持的那种方式来维持。"❶ "我的幸福的形成依赖于其他人的快乐、安宁或者仅仅是存在,这使我成为人类的一个完整的成员。"❷

生活在社会中的个体,是通过个人之间的情感联系而与世界联系起来的。在赫勒看来,这是一种道德内化的情感关系。对他人的喜爱不是将情感关系转化成为爱,而是这种情感关系本身就是内在于心的。当然,这其中的爱的对象是外在的,即存在于内心的爱或者情感是满足他人的爱。人们之间相互关爱和情感联系,他们才能构建良好的情感联系。所以,在一个实现了高度民主和自由的相互关爱的社会共同体中,情感联系和关爱才可能最大限度地被体现出来。社会体制对人的克制越少,人们之间的情感联系就愈加密切,人们就愈加会拥护、服从社会和道德的规则与规范,就会愈加促进个体的自我发展和才能的实现,使个体的人真正地成为友好、正直、善良的人。所以,从这个意义上来说,美好幸福的生活内在地蕴含了人们之间的社会情感联系和人际交往的因素。赫勒正是注意到了过去的正义理论的情感联系与道德生活的关系,对此加以关注和强调,进而她将正义理论的研究视域从政治哲学扩展到伦理学的视域。在她看来,加深人们之间的情感联系,可以使独立的个体通过人际交往的作用而紧密联系在一起,以创造良好和谐的社会交往关系,并推进社会的发展和政治正义的进步。

简言之,在赫勒认为,虽然人们的价值观是多元的,正义的概念在本质上是多元的,但人们可以分享美好的生活。上述道德人、超越天赋的人的社会发展,以及密切的人际交往,构成了人们选择幸福和谐的正义生活的一种生存方式。现实的基本情况也是,社会共同体中的人们选择了一种"和谐共处"的生存方式。这是因为,人们在社会的日常生活中,道德的自律和他律已经基本内化为人们日常的特定规范和生活习俗之中,存在于

---

❶ [匈] A. 赫勒:《超越正义》,文长春译,黑龙江大学出版社2011年版,第327页。
❷ [匈] A. 赫勒:《超越正义》,文长春译,黑龙江大学出版社2011年版,第331页。

人们的相互交往和活动之中。可以说，尽管对于个体的人来说，美好幸福的生活都是独一无二的，但社会、群体和社会成员之间可以通过人际交往来分享。"我们身处责任的联系之中，身处爱的情感联系之中，如抛弃这些关系我们只能变成魔鬼或蠕虫病毒。"❶

4.1.4 超越正义是对人的自由和生命价值的肯定

纵观古今，大多数哲学家和思想家们将民主、自由、平等等作为对正义和未来美好的不懈追求，赫勒也是其中之一。赫勒于1987年出版的著作《超越正义》之中，她就将自由、生命、平等和理性这四个概念作为其价值理念。然而与其他哲学家不同的是，赫勒分析指出：相对于平等、理性而言，最终生命和自由才是最基本的正义归宿。

我们首先来分析平等这一概念为何不是正义归宿。对于绝大多数人来说，平等是最基本和普遍的正义要求，但是赫勒认为，传统思想中一直将思维的模式定位在"是否平等"的二维论之中，这是因为他们误解了亚里士多德的理论，即要以公平来对待他人的公平，以不公平对待他人的不公平。赫勒认为此观点是错误的，因为平等相待，目的仅仅是公平的人得到相同的待遇，而那些实际上不公平的人应该受到不平等待遇，但现实是，每个人都是彼此不同的，因而应将每一个人视为单独的独立个体，个体的人之间其实是不存在可比性的。因为进行比较的前提是彼此之间存在特定和内在的标准尺度、规则和规范，如赫勒所说，"平等与不平等是由规范所构建的。换句话说，如果某些规范与规则适用于一群人，我们就说这一群人是平等的。"❷ 因此，赫勒否定平等的普遍性，也就将其从最终的正义归

---

❶ [匈] A. 赫勒：《超越正义》，文长春译，黑龙江大学出版社2011年版，第331页。
❷ [匈] A. 赫勒：《超越正义》，文长春译，黑龙江大学出版社2011年版，第3页。

宿中抽取出来，但她没有否定其存在的价值意义。她分析指出，在现代社会的现实生活中，我们可以将平等视为：个体的人的自由和人们拥有的平等的各种社会存在和机会。因为个体的自由和平等的实现表明了个体拥有参与社会和关心社会的权利，同时个体都有自由和机会去做自己希望做的事情，从而他们可以根据自己的意愿去选择、安排和从事自己意愿和理想的生活和生存方式。社会和法律的规则和规范的作用是实现和保障个体的自由和平等权利的实现。并且，在我们现实的政治社会生活中，"平等不仅被看作一种独立的普遍价值，而且更被看作是一种完整的、永恒的生命和自由的现实价值的条件而存在"❶。

我们其次阐述理性这一正义价值概念为何也不是正义归宿。随着现代性的发生，理性这一概念备受关注，这是由于按照人们的日常思路来看，按照自己的内心使然行动和行为，是属于人的正常逻辑属性，因而是理性使然，属于正义的标准和内心理性。但根据赫勒的观点，理性并不属于现代性的政治正义的普遍价值标准，因为在她看来，现代性已经使理性成为一种"智力合理性"（intellectual rationality）。但这种"智力合理性"的存在使传统社会所认同的道德和社会的规则和规范在现代社会的社会共同体中失去了原有的效用。"智力合理性包含了所有行为，言语行为也包含在其中，这些行为至少诉诸一个规范和规则，对这一规范和规则的遵守与对被认可的规范与规则的遵守是并存的。"❷ 社会共同体中的个体都有机会在社会理性的基础上制定自己认同的社会和道德的规范规则，因而人们可以在理性的基础上以"商谈对话"的方式论证所制定的规范规则的合理性和有效性。因此，赫勒得出的理论论断是："如果我们像哈贝马斯通常所做的那样构想的话，那么，我们就已经接受自由（自由的平等）作为终极价

---

❶ [匈] A. 赫勒：《超越正义》，文长春译，黑龙江大学出版社 2011 年版，第 129 页。
❷ [匈] A. 赫勒：《超越正义》，文长春译，黑龙江大学出版社 2011 年版，第 131 页。

值。如果我们应该做的是诉诸'理想的商谈情境',在这种情境中一种合理的沟通确实可以假设一种一致同意的话,那么我就已经把生命置于最高的价值位置之上(以生命机会平等的形式自由地使用理性)。"❶ 所以,自由与生命才是最基本的正义归宿。

综上所述,因此赫勒的最终观点是在现代社会中存在的价值观为:自由、生命。平等是所有个体生命的平等及平等拥有生存和生活等机会的权利,如果无法实现这一平等原则,则不能认为目标或原则是普遍的。"智力合理性"的存在是一种正义的程序,正是因为这一程序的存在,我们得以验证或实现生命和自由。

4.2 静态正义与人

在赫勒看来,以往过去的历史阶段中的社会正义是恒定不变的,因而它是一种静态的正义形式。对此,我们可以用生动、形象的方式进行表述,古代一位美丽的女神被蒙上了双眼因她无法看清事物,这位女神作为象征公平正义的天使,手中托持着代表正义的天平,这位神圣庄严的正义女神是静态正义的公平严格的执行者,在这样的状态下的人得到的正义是公平的、客观的没有受到外界的影响的。这就是传统社会中的静态正义与人的状态关系。

4.2.1 人与形式的正义概念

从一般层面看,正义理论产生的最基本的前提条件是人类社会的存在。

---

❶ [匈] A. 赫勒:《超越正义》,文长春译,黑龙江大学出版社,2011年版,第131−132页。

也就是说，正义理论是人们在社会共同体中的各种社会关系以及人与人之间的关系。因而要研究各个时期的正义理论，就必须熟悉和把握各个时期的人与人、人与社会之间的关系。对于赫勒来说，她对形式的正义的定义，基本内含了各社会阶段的正义的相同特征，其基本内容是："应用于特定社会群体的各种规范和规则能够连续不断地、持之以恒地适用于该社会群体内的每个成员。"❶ 对于形式的正义这一定义，赫勒进行的基本阐释是从以下几个层面展开的。

第一个层面，社会化。在赫勒看来，人们是生活在特定社会和社会团体之中的，人们必须遵守其中的规则和规范，这个过程赫勒称为"社会化"的过程。规范和规则总是被人们视为理所当然，人们不曾反思其合法性如何，在这个内部的团体中，人们之间的期望与行为（甚至可以包括人们的相互间的言语行为）是对称性的，也就是赫勒的"黄金规则"，即"我对你所做的就是希望你对我所做的"。但"黄金规则"并不能普遍地适用于所有的历史时期和社会阶段，因而，赫勒阐释道，"只有当人类的关系是对称性的，也就是说，只有在我们之间的相互交往是社会平等的，即使不是德行和优点方面的平等，黄金规则才可以为我们的所有行为指引方向"❷。但是，赫勒认为这个只是建构形式的正义的理想的出发点。

第二个层面，赫勒谈到了正义理论的先决条件，"正义与不正义"作为二元视角的解释应该是：以平等对待平等，以不平等对待不平等。她分析指出，每一个社会中所存在的公平和正义都不是永恒不变的，社会和道德规范规则都是通过特定时期的人们对社会和正义的需要进行构建的。举个例子来说，在现代社会中，你不可能希望资本家和工人两者之间以同

---

❶ ［匈］A. 赫勒：《超越正义》，文长春译，黑龙江大学出版社2011年版，第5页。
❷ ［匈］A. 赫勒：《超越正义》，文长春译，黑龙江大学出版社2011年版，第22页。

样的方式来相互对待，这是由于他们本身就是不同的社会群体和利益集团，因而他们对社会和正义的需求就大相径庭。因此，赫勒有了"社会格局"（social pattern）的这一定义。她这样阐释道：在以前的社会体系中，人们的社会关系是属于不对称的社会关系，社会格局像金字塔一样，金字塔的不同高度象征了不同社会群体的社会地位，它们之间存在联系，而且是不对称的相互联系。与传统社会不同，现代社会中的人们之间的关系已经基本实现了平等，他们之间的社会关系可以以对称性的关系来加以支配，当然肯定不是绝对的对称关系，因为现代社会也存在不对称的社会关系，这是各社会阶层中的人们所拥有的社会职能和职责不同所决定的，而非他们不同的社会地位和身份等级。

综上所述，赫勒得出的结论是：（1）形式正义需要有加以运用的方法。她的解释是，形式正义概念被加以运用时才可能表现出正义或者不正义，即是程序的正义。（2）规则和规范的运用被当作为道德律，虽然这些社会规则和规范的意义在内容上并没有包含道德的根本属性。（3）这些社会规则和规范虽在社会共同体中被视为理所当然的，但并非绝对正义的，因为它们本身就极有可能存在疑问。也就是说，现代社会中即使存在理想化的社会群体，然而对于社会共同体成员来说，相同内容的社会规则和规范基本适用于社会成员，如果在人们的实际生活实践中没有可供选择的规则和规范，那至少也存在着可供选择的程序。在赫勒看来，如果这样的社会和道德规范需要进行实践验证，那么形式正义所蕴含的实质内容就应该是正确的、公正的且毋庸置疑的。

从上面的分析，可以看出：赫勒认为，在传统社会的前现代社会，正义理论绝非只是社会规范，它的具体内容也是建构社会共同体的社会规范，它的内容甚至涵盖了正义在前现代社会中所具有的个人维度和社会维度的视角。所以，根据赫勒的理论分析，可以推论：赫勒关于形式正义的定义的阐释，其理论出发点是：人在社会群体中遵守规则和规范的关系。在赫勒看来，这一定义之所以为"形式的"（formal），主要是因为其是从以前的不同种类正义理论所包含的程序、实质、标准等内容中抽象地提炼出来的，而且包含了其共性特征，具有客观公正性和普遍性；但是这一定义存在的缺陷是：它并没有将政治哲学（political philosophy）、社会哲学（social philosophy,）、伦理哲学（ethical philosophy）进行分离，这是因为，在传统社会中，这三者是在同一范畴内的哲学概念。

4.2.2 静态正义下的人

赫勒对正义的解释始于她对静态正义概念的分析。她从正式或静态的角度讨论了正义的概念。换句话说，在她看来，传统社会中的正义理论呈现出的是一种恒定不变的、静态正义的特征。所以，无论是亚里士多德关于正义定义的"二元论"：即是以"平等与不平等"的角度讨论正义，还是基于佩雷尔曼的"正式或抽象"正义的定义解释，都不符合赫勒对静态正义的独特理解。赫勒认为，对静态（形式）正义的解释，先是有人的群体，然后才是正义的统治，事实是在建立它们之前，有相同的规则和规范。因为赫勒也认为，正义女神表明了正义必须客观公正，不应受到外界的影响。这很形象地描述了赫勒关于形式正义（静态正义）的定义。但是，这种正义在现实社会生活中很容易引发人与人之间的价值冲突，这是因为，在一个恒定不变的社会中，如果社会共同体成员将社会规范视为必然遵守的行动准则时，势必无法体现成员们自身的价值需求的问题，因为社会的规范已经等同于真理，这样的静态（形式）正义变成一种"普世正义"而无现实存在的可能。因而，赫勒认为，基本上所有的社会冲突都与静态正义有密切关系。这样的正义观，赫勒以"黄金规则"来定义，其基本内容就是："我对你所做的就是希望你对我所做的。"❶ 这样的关系准则，乍看就知道属于彼此对称的关系，它无法适用于非对称性的关系。比如，按照对称性关系（"黄金规则"），资本家可以对工人说："我对你很关照，你也必须关照好我的一切。"事实上这个情况是无法实现的，工人也不可能做到视资本家为自己的同列。因此，当我们讨论静态（形式）正义时，我们必须注意其内在规定的适用范围。静态正义解决的现实问题是形式正义与人的关系（包含社会共同体成员）之间的问题，因为形式正义的适用范围是社会规则和规范可以恒定不变地适用于社会共同体中的所有成员。如果将社会共同体作为一个群体的概念来理解，自然需要适用所有成员的社会规范系统。但是，现实问题是，第一，关于人的范畴其实是无法完全统一的；第二，文化相对主义（cultural relativism）的现实性使人们在群体、地域、文化、价值等范畴无法存在共性。因而，文化相对主义与形式正义即静态正义之间存在着无法消解的内在困境。

我们在前面讨论过赫勒的正义内容，她所阐释的传统社会中存在的正义，实质上是一种形式正义，即静态正义，即一种完备正义，也就是她理论阐释中的"道德政治正义"（moral politics justice）。在其涵盖正义的道德和社会政治方面它的完整性和统一性是显而易见的，因为伦理哲学、政治哲学和社会哲学不是完全孤立的。只有在传统社会中才有这样一种静态正义的概念，它被认为是静态的，因为它是恒定和可持续的。传统社会中的正义理论，其内部构成是由伦理和社会政治所组成的，这种完整的理论定义已经不再适用于现代社会。传统社会的正义所包含的伦理道德成分，是传统社会中人们对诚信的坚守，因而它存在的性质是绝对真实、可信的，无外在条件的约束；传统社会的正义的另一个组成部分是社会政治，它是良好社会秩序的保障，它的存在是有前提条件的。在这样的社会条件下，

---

❶ ［匈］A. 赫勒：《超越正义》，文长春译，黑龙江大学出版社2011年版，第21页。

正义的这两个组成部分是相辅相成、相互作用的。最好的社会生活世界或者较好的社会生活世界的前提是要建立有社会道德的良好秩序，因而需要建立相应的社会制度来保障道德的实现，从这个意义上来说，这样的社会生活世界不仅需要社会政治的保障，也需要道德的保障。然而，当道德成分和社会政治成分的两个方面分离时，正义的完整性将被削弱，这是因为道德保障前提下的正义，在某种程度上代表了政治上人们对于正义的要求，道德保障的正义体现了好人应该实现幸福的生活，而社会政治的正义体现的是保障好人的幸福生活，在这个层面上看，这是正义的应然要求和正义的实然要求之间的关系。如果二者相分离，必将在现实生活中对幸福的生活的定义出现分裂，正义的完整性不复存在。在现代社会中，不是所有道德正义和社会政治正义的定义都可以对社会生活的政治秩序进行建构和设计，可能的情况是：在这种秩序中，所有道德都将会受到政治正义的引导。

4.2.3　静态正义的现代性困境

根据赫勒对静态正义的阐释，"应用于特定社会群体的各种规范和规则能够连续不断、持之以恒地适用于该社会群体中的每个成员"❶。赫勒阐述到，静态正义中适应特定社会群体的规则和规范，社会是国家或者民族的组成部分，或者扩大范围来说，这个适用于社会群体成员的规范和规则，在某种程度上是否也可以适用于其他社会团体、民族和种族？但是，根据前面的讨论，我们知道：静态正义（或形式正义）概念所面临的困境有二：一是我们如何来定义关于"人类"这一概念；二是静态正义的概念与现代化语境中的文化相对主义是否存在冲突或者说存在矛盾。

在当代视域下，当我们把关注点从个体行为转向社会活动或者社会运

---

❶　［匈］A. 赫勒：《超越正义》，文长春译，黑龙江大学出版社2011年版，第5页。

动时，那么，与此紧密相连的当代社会政治行为的范畴已经不是一个小范围内的内容了，甚至不是一个社会、一个国家的概念，而是面向全世界的视域范畴了。文化已经实现了跨越时空、地域和国界，是属于世界范畴的文化定义了。因此，在现代性视域下，"人类"这一概念是跨越时空、地域、文化的复杂的界定。在当代西方学术中，正盛行着一种内容庞杂、体系宏大的学科，其英文称为"Anthropology"，中国学术界通常翻译为"人类学"。从古希腊大哲学家苏格拉底最早提出的"认识你自己"哲学命题，随后在古希腊德尔菲神庙上雕刻"人啊，认识你自己吧！"之后，西方哲学家和思想家们就此拉开了对人类正义不懈探索的历史序幕，而在我国古老土地上，孔孟等大师的"诚意、正心、修身、齐家、治国、平天下"的理论，实际上也是对人类自身的探索。在西方，已经建立起宏伟的"人类学大厦"（anthropology building），西方学者对人类学的研究多数是从关注人类的社会、政治、文化、法律、哲学等方面的角度出发的。比如，赫勒就将人类定义为"居住在我们这个星球上的人的总和"❶。而康德对于人类概念的认知，他一方面将人类的认知活动中的理性能力区分为先验感性能力和先验悟性能力，另一方面在考察人类行动领域之后，他对人类的理性展开了批判性的哲学思考和探索。康德指出："普遍的人类理性，究竟采取什么样的具体原则，使得由每个个体高度自由所决定的任何行动，同时又应该符合社会其他个体的普遍利益。"❷康德所从事的理性哲学批判活动，不只是为了体现具有理性思考的人的思考，而且更为重要的是为了显示理性本身可以同人的自由意志、同人的自律性、同人的生命自由的意义相结合，不但构成人类不断认识和研究客观事物的动力，而且也构成人类自身不断提升其生命意义的动力。因而，我们得出的定义是：人的生命和

---

❶ ［匈］A. 赫勒：《超越正义》，文长春译，黑龙江大学出版社 2011 年版，第 35 页。
❷ 高宣扬：《后现代论》，中国人民大学出版社 2005 年版，第 186 页。

自由是个体生存所拥有的权利,任何对他人生命和自由的践踏都应当受到惩罚。但是,在不同的社会体制中有着不同的惩罚体制,甚至在同一个社会体制的不同地区惩罚体制也不同,如在美国各州之间的法律并不完全相同;又如在很多人认为杀人应偿命,而有些国家和地区的法律已经取消了死刑。因而,从这个意义上可说,所有社会的正义和公平是不尽相同的,在某种条件下,正义是相对于不正义而言的。我们对人类概念的定义范畴,在特定的社会条件下其实并不绝对明朗,甚至是不确定、不肯定、模糊着的一种概念。

接着,我们来讨论一下赫勒关于文化相对主义的阐释。人类学家鲁思·本尼迪克特明确地指出:"我们认识到,在每一个社会中的道德都是不同的,道德是社会上确认的各种习惯的一个方便的代名词。人们总是喜欢说'这是道德上好的',而不是说'这是习惯性的',但从历史的角度来看,这两个说法其实具有同样的意义。"[1] 按照这种说法,在伦理学中并不存在像"普遍真理"这样的东西,相反,只有各种各样的文化准则,此外就再也没有其他的东西了。我们可以把这种观点称为"文化相对主义"(cultural relativism)。文化相对主义其实包含着几个不同的思想:(1)不同的社会有不同的道德标准;(2)并不存在客观的标准使我们可以判断社会准则的相对优劣;(3)我们自己的社会道德准则没有特殊的地位,只是很多准则中的一个准则;(4)伦理学中没有"普遍真理"可言,即不存在绝对有效和真实的道德真理;(5)存在于不同社会体制下的道德准则决定了那个社会中的正确的行为方式,也就是说,如果一个社会的道德准则说某个行动是正确的,那么这个行动就是正确的,至少在那个社会中是正确的;(6)如果我们试图判断其他社会成员的行为,那么我们就是在冒犯,因此,我们应该对其他的文化实践采取一种宽容的态度。可简单地总结为,文化相对

---

[1] Ruth Benedict, *Patterns of Culture*, New York, New American Library, 1934, p. 257.

主义具有两面性。这其中的一些思想明显是错误的,而另一些思想似乎值得我们深思。从赫勒的观点来看,极端文化相对主义与正义感的主张存在冲突。她认为,极端文化相对主义是一个超越合理质疑的陈述,因为人类文化是不同的,而且每一种文化都是独特的;同时,极端文化相对主义应该遵循其独特性的理解。在她看来,正义理论存在的合理性就是反对极端文化相对主义。假设人们对不同社会形态下的文化不加以理解和宽容,那么就无正义可言。因此,赫勒的传统社会正义理论中存在内在的冲突,假如我们有必要接受极端文化相对主义,那么我们务必认同上面的关于文化相对主义的"两面性的标准"的应用。因此,我们只能接受相对意义上的温和的文化相对主义,在不同时代境遇和实践中不断调和其与静态正义概念之间的关系。

4.3 动态正义与人的正义感

在20世纪现代性无比张扬的现代社会,在人类的精神家园已经达到空前觉醒状态的同时,也遭遇到深刻的现代性危机问题,这不仅是由于科技的高速发展,也是由于人类在征服自然的过程中遇到了一些未曾预料到的社会现实问题。作为对时代予以关注、对社会正义问题予以深刻思考的哲学家赫勒就认为,正义已经从静态正义走向了动态正义。她在《超越正义》一书中阐释动态正义的概念时,除了正义的标准,以及动态正义视角下的社会与政治冲突,还特别讨论了正义感这个维度,下面我们来进行分析。

4.3.1 动态正义与人的正义感

对正义理论的理性的现代性感悟使赫勒提出了动态正义这一概念。她认为,过去的社会秩序、价值观念和生活状况逐渐走向瓦解,现实已经发生改变,生活方式、生活意义和社会关系的变化导致人们在主观与客观、精神世界、自我与外界之间有了更加复杂的现代性危机下的各种变化。

赫勒在阐释动态的正义概念时,认为在现代性中只有两个普遍的价值,就是人的自由和生命。赫勒指出:"某些规范和规则本身被断言为非正义。断言者或异议人士想要用'一系列新的'、一套新的规范或规则替代原来的规范和规则。就其目的在于消除现行规范和规则的合法性来说,他们已经求诸了价值,尤其是自由和生命。"❶ 我们知道,正义是对社会有益的,所以,至少它的一部分价值肯定是出于德性和公共利益的思考,关于"'正义感'是有关正义与不正义问题的道德感"❷。那么,规则和规范中最本质相关的价值,即自由和生命,它们是正义的核心及其本质。

因而,关于正义感的起源,是由于社会共同体中的人们对自己内心的信念、现实的正义要求之间产生的缺失等原因引起的对某些社会现实的不满,以及对不正义行为和社会现象的谴责而产生的一种社会心理意识。在现代社会的语境下,人们对于正义感的理解已经不同于以前的传统社会,因而,赫勒的动态正义定义也是一种不完备正义。同时正由于现代社会的动态正义概念的多元和差异性,人们在不同的正义和正义感之间会存在对立,甚至存在激烈的社会冲突。正义感是社会成员的一种基本美德,是维护社会正义的必要的品质。正义感在我们看来,来自人们的生活习惯、个

---

❶ [匈] A. 赫勒:《现代性能够幸存吗?》,王秀敏译,黑龙江大学出版社 2012 年版,第 185 页。
❷ [匈] A. 赫勒:《超越正义》,文长春译,黑龙江大学出版社 2011 年版,第 135 页。

人的经验判断、所受到的教育，也可能来自人们的常识上的道德理念。作为后者来说，它或许是人们过时的道德意识，也或许是彼此冲突的道德意识。如在古代中国"三纲"作为基本道德原则的时代，"忠君"的要求是"君要臣死，臣不能不死"，这样并不正义的道德标准都是需要履行的道德义务。因此，即使是有名的学说，它有时也是局限于时代的道德习俗的产物，如柏拉图的正义主张与郭象的《庄子注》中的"各安天命"的主张有着异曲同工之处。因为柏拉图在其《理想国》一书中就认为所谓的正义，就是人们从事符合自己社会角色的事情，而郭象的《庄子注·逍遥游》中说："物各有性，性各有极，皆如年知，岂跂尚之所及哉！"

在现代性气息浓郁的21世纪社会，现代人的正义感和正义理论已经与希腊和我国古代已经不同。正义感未必就导致正义的行为。我们可以从"过犹不及"的中道的观点来看，如果人们的正义感不理性，或者说超越了规则和规范的要求，甚至超出了法律的行为约束范畴，那么，这样的正义感就不是正义的实践，甚至是非正义的行为或者情绪了。比如，人们发现偷窃，抓到小偷了，如果当场将他打死，那就违背了法律正义的要求，反而成为一种没有正义感的非正义的行为了。因而，从这个意义上来说，赫勒对于正义和正义感的定义阐释，不仅在正义概念或正义形式之间理论上有对立和冲突，而且在实践中也存在同样的对立和冲突。换言之，我们这里讨论的关于正义理论内在的定义和正义感的定义，各种正义内容之间的博弈，也是我们社会现实的一种折射，因为在现代社会中就存在着人与人之间、人与社会之间的矛盾和冲突。人们的正义感是与他们所拥有的道德理念紧密相关，与此同时，人们的正义感又通常是以道德直觉的形式来体现的，因而，对正义观念的要素的澄清，有助于人们对于正义感的反思。比如，当某一种正义概念被特定人群所占有时，他们所捍卫的是群体成员中自我认同的正义观念，因为他们受所代表的团体利益驱使。

因此，赫勒指出，存在于现代社会中的各种形式的社会冲突，在一定程度上是源自人们对正义的不同理解，同时也可能有着经济利益的某种驱动，也可能包含了不同类型和人群的人们的价值信仰。从社会历史形态来看，社会冲突在一定意义上也会推动社会规则和规范的进步和完善，动态正义的变化也表达了现代社会的多元化的特征。因而，从这个层面上来说，动态正义为研究现代社会冲突的形成和产生奠定了理论意义。正是因为对生命和自由的理解存在差异，产生了人们对于社会正义规则和规范的认同感的差异，所以对是否正义也存在价值判断的差异性。然而，尽管人们的认同感存在各种差异，但是其中都包含了现代社会中存在的动态正义下的对生命和自由的尊重和理解，因而，这种差异也同时推动了人们对现代社会规则和规范的理解。与静态正义相比较，动态正义关注的是社会规范的不断更新和发展，以此来构建新的社会政治秩序。所以，在现代社会中保障正义的实现，同时解决各种社会冲突已经成了当今人们需要关注的社会正义的核心问题。

4.3.2 正直人的正义感

在构建道德的共同的标准化基础时，赫勒指出道德要素主要承担者是具有高尚道德品质的好公民，即具有正义感的正直和善良的人。赫勒构建的良善生活的主体要素就是高尚品德的好人，一个善良的人，一个具有道德诚信的人。诚实的人如何才能生活在现代社会中？赫勒首先定义了"美好生活"的范畴。她认为"美好生活"是道德哲学的起点，而不是功利主义。然而，赫勒在构建道德和幸福生活普遍模式时，她认为，在多元化的世界中，"美好生活"的形式不应该是单一的。因此，赫勒所坚持的观点是：良善生活的构建需要集中体现在需要有高尚品德的人作为实现良善生活的主体要素。这也是赫勒道德精神哲学的理论出发点,即正直人的正义感、正直善良的人的道德品质建设。按照柏拉图给出的关于正直的人的陈述,人们更喜欢忍受不公正(邪恶)而不是实践不公正(邪恶)。然而,柏拉图希望以理性的阐释来表达他的"正直的人可以忍受不公正而自己却不去做邪恶的事情"的这一理念,可是这一尝试不太成功。赫勒试图以康德的理性哲学来阐释诚信,希望人的美好善良品质如同深夜的夜明珠一样可以闪闪发光。但在现代多元社会中是否有诚信的人?为什么可能?赫勒打算以始于诚信的条件来建设具有正义感的"正直的人"。在多元社会中,我们不能界定"美好生活"的具体内容,而是关注"美好生活"的道德条件。在这里,赫勒的观点是,"如果一个人对自己作为其中一员的共同体(社会)的规范和价值存在自觉和自我意识的关系,并且如果他或她的行动始终如一且持续不断地遵循这一关系的话,那么他或她就是正直的"[1]。因而,从这个层面上来说,我们认为,赫勒构建的正直善良的人,就是具有高尚美德、自律性很强的好人,然而这里的道德和自律就是正直人的正义感,是指社会共同体中的个体的人的高尚道德品质几乎没有受到其他外界比如说社会外在环境的影响。这是因为人们的高度道德精神自律,但不是绝对的精神自律和理性自治,而是说即使在现实社会中,人们的现实生活实践可以证明,正直的人会存在于社会生活领域和政治领域等。

在赫勒看来,在现代多元化的生活中,正义感的存在,即道德的合理性存在已经越来越具有现实意义,在人们的精神道德世界里,假如人们选择了诚信,那么人们就选择了"善",具有好的道德。然而,赫勒认为,现代性的存在也使人的正义感即道德的理性需要遵循"实存选择"(existential choice,以下又称为实际选择),这是由于在多元道德体系中,人们可以任意选择不同的规范,并且人们的价值选择不断因为受到外界因素的

---

[1] [匈] A. 赫勒:《超越正义》,文长春译,黑龙江大学出版社2011年版,第294-295页。

影响（比如外在的各种诱因）也发生变化，于是，多种变化的选择目标使人们的道德规范出现了"选择困难"的问题。尽管在人们需要作出选择时，个体都意识到应该优先考虑道德因素，作出"善"的选择。因此，假如我们选择坦然面对自己的道德内心，那么我们就选择了具有正义感的人，选择了以实践理性为道德指导的人。

对于正义感，人们会遇到"实存选择"的思考，因为，在现实的选择中，从某种程度上来说，其实是善恶之间的选择。人们在面对现实生活中的各种选择时，有的重要选择可以决定个体或者群体乃至一个民族或国家的重大改变，因而在一定意义上可说，选择就意味着转折或改变。个体可以选择接受和传承前人的理性道德选择，也可以选择放弃这种理性道德选择，因而，从根本上来说，真正的选择对社会个体而言是自由的，外在的其他社会环境和客观外在因素无法改变个体的自由选择。因此，个体在选择诚信的时候，需要个体学会价值和道德判断，最终决定自己的选择是否理性和合理。自古以来的哲学家们，认为美好的生活世界的前提条件就是要拥有构建美好生活的现实的"人"，他们对于这种人的前提设想是——具有美好品德的好人。柏拉图的观点是，具有正义感的好人才会可能忍受不义，那些愿意实践公正的人、诚实的人存在于各种生活方式和各种标准化体系中。但是，对大多数人来说，"并非所有的人都有对最佳的社会—政治世界的承诺，只有作出实存选择并使其后来的所有选择都服从于道德准则的那些人才会这么做"❶。

对于具有正义感的人们来说，遵守社会道德生活中的各种规范和规则，从而具有一种自己的内心道德承诺，违反了它就意味着对自己所认同的规则规范的背弃。在人们的现实生活中，在遵循规范的前提下，人们参与社会活动中的各种行为需要具有良好的道德意识自主选择，良好的道德选择

---

❶ [匈] A. 赫勒：《超越正义》，文长春译，黑龙江大学出版社2011年版，第308页。

和道德意识即正直的人的正义感,为正直的人的行为准则的普遍性和有效性提供了更高的保障。

在现今社会,我们通过建立人的正义感的方式解决了关于人的诚信问题。但是,在道德意识和价值意识多元性的现实生活中,规则和规范在一定状况下可以进行改变,而且只要新的规则和规范建立在遵循道德标准的前提下,具有正义感的正直的人,就可以将自己的个体需要,合理合法地将他们的正直诚信转移到规范上。具有社会正义感的人们,旨在创造最好的道德和社会政治世界,这些具有正义感的正直的人,如果以价值谈判和价值意识作为正义的程序,坚守他们的正直和美德,那么具有这样高尚美德的好人才是赫勒实现"超越正义"、实现"美好生活"的道德条件和"美好生活"的主体。

4.3.3 正义感的时代性

在赫勒看来,正义感是当人们判断各种各样的行为时,需要判断和衡量正义与不正义的一种标准。赫勒认为:"正义感就是道德感,在其能力内可以在'正当与不正当'之间作出辨别,如果后一种辨别中的至少一个方面包含了善与恶的辨别的话。"❶ 同时她又提出,一般意义上的道德感与特定意义上的正义感之间存在很大的分歧,她认为正义感的一种"实存选择",是人们对于善的行为选择。因而,从这个意义上来说,赫勒的观点是正义感应该基于人的道德感而言,道德感其实是人的一种理性价值判断的行为或者能力。因而,在这里,我们可以认为正义感是道德感的重要组成部分,它是基于理性标准和道德标准来区分善恶和明辨是非的一种能力。正义感,是由于人们的正义信仰、现实中的现实缺陷以及惩罚不公正行为

---

❶ [匈] A. 赫勒:《超越正义》,文长春译,黑龙江大学出版社2011年版,第139页。

的欲望等因素形成的，对不公正行为或某些社会现象的不满，以及谴责社会不公正现象的一种人的自觉意识。在中国古代人们对于殉道和正义的忠诚，现代人对邪恶的仇恨以及不良行为的愤怒，都是正义感的具体表现。正义感可以说是社会共同体中的个体的基本道德美德，这也是人们自觉维护社会正义的基本素养。现代社会中的人们的正义感，源于社会个体自身的生活习惯、所受到的社会和家庭教育、个人的自律等。

正义感对社会是有用的，至少其有价值的部分必定起源于这种考虑。要证明这一命题是一件多余的事情。在正义感发挥作用的现代社会中，相较于传统社会中，公共领域和私人领域的划分没有那么明确和差距不那么明显，没有区别开个体和主体之间的差异，因而就不存在自由意志和理性判断的道德选择。在现代社会中理性开始上升为维护社会正义和秩序的主要因素，因而有了基于理性的规则和规范。道德感是源于理性还是情感？！我们的道德感的建立是通过知识的学习进而归纳和论证得出的，还是仅凭个人的情感器官的敏感度而得到的？正义感是像对于真理和谬误的价值判断，抑或像对于美和丑的知觉判断？等等，这样的争论值得我们思考。

正义感具有时代性。在传统社会中，人们的正义感是与社会共同体的标准相一致的，因而，对于个体来说，他的正义感没有独立性，无法与社会正义感进行分离；也就是说，个人的正义感需要得到社会或者集体的认同。这样的时代背景决定了其整体道德状况，个人伦理与个人道德的相统一决定了其正义的时代性。在西方传统社会中，人们的正义感也凝聚着古希腊的道德至上的精神以及中世纪的以上帝为最高统治的基督教精神。因而，在《追寻美德》(*Pursuing Virtue*) 这一著作中，麦金太尔为我们描述了西方传统社会的关于德性的社会历史发展脉络：崇尚英雄主义的（以荷马为代表人物的）社会正义美德、雅典时期的社会正义美德、亚里士多德的德性以及中世纪的诸美德，他将这些美德进行综合归类，因而提供了各自不同的诸美德。但在现代社会中，人类社会在进步发展，社会关系、道德和正义感也充满了矛盾及悖论。

马克思曾经在《共产党宣言》中指出："生产的不断变革，一切社会状况不停的动荡，永远的不安定和变动，这就是资产阶级时代不同于过去一切时代的地方。一切固定的僵化的关系以及与之相适应的素来被尊崇的观念和见解都被消除了，一切新形成的关系等不到固定下来就陈旧了。一切等级的和固定的东西都烟消云散了，一切神圣的东西都被亵渎了。人们终于不得不用冷静的眼光来看他们的生活地位、他们的相互关系。"❶ 因而，马克思在详细论述时代性的特征的同时，也阐述了随时代的变迁人们的关系和道德也都发生变迁，而且他阐明了时代性的另一个面孔：冷酷性。恩格斯也明确地指出："18 世纪是人类从基督教把它投入的那种分裂涣散的状态中联合起来、聚集起来的世纪；这是人类在走上自我认识和自我解放道路之前所走的一步，可是正因为是这样的一步，所以它仍然是片面的，还处于矛盾之中。"❷

随着时代的变迁，社会历史发展到 20 世纪初期，爆发了根本性的总危机——比如法西斯的出现及世界大战发生的严酷事实，使人们不得不深刻思考现实背后所存在的深层悖论：哪里有社会生活，哪里必定有道德存在，因而就存在正义感的时代变迁。在赫勒看来，在传统社会中，人们的正义感会随着人类社会中社会规则的变迁而不断取代人的本能规则，从这个意义上来说，生活在不同社会历史阶段中的人们，他们对道德的理解是具有多元性的。因而，恩格斯指出："善恶观念从一个民族到另一个民族、从一个时代到另一个时代变更的这样厉害，以致它们常常是互相直接矛盾

---

❶ 《马克思恩格斯选集》（第 1 卷），人民出版社 1995 年版，第 275 页。
❷ 《马克思恩格斯选集》（第 1 卷），人民出版社 1995 年版，第 17 – 18 页。

的。"❶ 在现代社会中，由于生活在社会共同体中的人们对于正义感和道德感的认知和认同是基于不同时代意义下的理性原则，从实质上来说，个体的正义感和道德感是独立的、个性的，每一个人都拥有以自己的理性价值进行判断的社会正义的能力。

因而，从这个层面上来看，人们的正义感不是非理性、随意的，而是具有理性和客观主动性的，只有这样才能使人们的行动遵循社会正义标准和个人内在道德要求这个双重行为准则，从而指导人们社会行为符合道德规范性和社会存在合理性。赫勒对道德感的理解，主要是强调了人作为美好生活世界的主体。在实践社会行为中，需要以理性来指导人们的价值判断，同时需要加强人的道德选择的能力培养。她认为，只有这样的良善的好人，他们的社会行为和道德选择才具有一致性。这是因为，在赫勒看来，道德感就是基于主体者内心的一种理性的判断能力或行为能力。正义感是道德感的重要内容，二者存在密切的联系，在时代性凸显的现代社会中，道德感和正义感都是主体者内在的一种以理性价值判断和道德伦理精神来进行社会正义行为的能力。根据她的理论分析，正直、善良、具有高尚品德的人们的社会正义感，在实质上，就是以道德感为基础而形成的，正义感就是道德感的社会化和理性化的具体表现。

本章小结

本章是从"超越正义"与人的角度来展开赫勒关于正义理论的论述的。本章首先分析了赫勒关于正直的人的概念的阐释，分别从正直的人的基本含义、正直的人超越天赋的社会发展、正直的人超越个人的社会情感

---

❶《马克思恩格斯选集》（第3卷），人民出版社1995年版，第433-434页。

联系，以及总结了"超越正义"在赫勒看来其实就是对人的自由和生命价值的充分肯定。接着本章从分析静态正义与人的角度，阐释了人与形式正义概念、静态正义下的人，以及在现代社会中静态正义遇到的困境等方面，分别作出了分析和论证。最后，本章从动态正义与人的正义感的角度分析了在传统社会转变到现代社会中正直的人的正义感、道德感，在现代化语境中的正义感和道德感之间的联系和不同。因而，本章具体阐述了正直的人与静态正义、动态正义，以及人的正义感等概念，为后文赫勒"超越正义"理论的详细展开作了前奏性的铺垫。

第5章 "超越正义"与现代性危机之消解：赫勒"超越正义"理论的逻辑中介

国民以正义为准则。由正义衍生的礼法，可凭以判断（人间的）、是非曲直，正义恰正是建立社会秩序的基础。❶

——［古希腊］亚里士多德：《政治学》

在 20 世纪 60 年代前后，欧洲各国及美国等西方资本主义国家在战后进行社会生活重建，经济开始了"起飞式"的发展，陆续步入现代性下的"后工业社会"。随着经济的腾飞发展，西方社会在后现代社会影响下所产生的现代性危机，使人们的思维、意识形态和价值理念出现了重大的历史性改变。过去的传统道德哲学被束之高阁因而不再受到推崇，人们的精神世界出现无价值信仰或荒芜的状态，现代文化崇尚的是对自我享乐、个人主义和金钱至上等的追求，人们的精神世界出现荒芜，这就是所谓的"后现代主义"浪潮的开始。后现代主义的批判对象是"现代性"。从词源上看，现代（modern）应来源于拉丁文中的"modo"，意指"刚才"，不过，其

---

❶ ［古希腊］亚里士多德：《政治学》，商务出版社1997年版，第3页。

历史内涵和哲学意义如何，在学界目前仍是莫衷一是。

5.1 现代性危机

我们认为，"现代性"指的是文艺复兴以来，特别是自启蒙运动以来的西方历史和文化。它的特点是"勇敢地运用你自己的理由"来判断一切。在我们看来，"现代性"只是一个特定的社会历史阶段，它代表了一种"人类社会的精神"，代表了人类社会不断改变世界的内在要求。因此，"现代性"总是在提醒我们：我们的社会和生活怎样会变得更加美好？"现代性"兼具着"解构社会"和"重建社会"的性质。它侧重于对过去的批判态度、对新理念和未来生活的现实思考。因此，"现代性"对于我们改造世界，追寻美好未来生活世界，是一种内在动力和要求。那么，在现实世界中，西方哲学史上哲学家们对其有着深刻的研究。这里，我们在此背景下进一步研析赫勒关于"超越正义"与现代性危机的阐释。

5.1.1 现代性危机的实质：传统社会到现代社会的正义危机

对于现代性，赫勒在《现代性能够幸存吗？》一书"关于政治的概念的重新思考"中就指出："现代性起初缓慢地，后来以日益增长的速度改变了所有的这些（政治的概念）……"[1] 接着她说："正如马克思，以及后来的韦伯注意到，现代性的确产生了一种政治官僚制，但肯定不是一个新的政治阶级。现代大众民主的诞生，最终抛弃了政治阶级和政治的行动之

---

[1] ［匈］A. 赫勒：《现代性能够幸存吗？》，王秀敏译，黑龙江大学出版社2012年版，第134页。

间的等式。"❶ 因而，在赫勒看来，现代性不仅改变了包括政治在内的民主关系，同时也改变了社会的方方面面。现代性是人类所特有的时间上的向前意识，它是人类社会发展过程中所具有的历史文化与人类精神上的内在契合。当代西方工业文明社会的现实境遇，使思想家们不断努力探讨并建构自己的叙事逻辑，力图克服现代性内在的分裂与对立，重塑现代性精神，推进人类社会文明和历史进步的思想历程。正如现代性的代表人物吉登斯所指出的："现代性乃指涉大约 17 世纪起源于欧洲的一种社会生活和组织模样，之后其影响多少成为全球的……它首先意指在后封建的欧洲所建立而在 20 世纪日益成为具有世界历史性影响的行为制度与模式。"❷

如果说，近代西方哲学在启蒙意义上为现代性理论提供了批判与超越的精神意义，那么可以说现代西方哲学也积极地从启蒙起点上，高高扬起了现代性的大旗，依据历史轨迹奋力前行，因为现代性本身就内含人类对新意识、新价值的追求和探索。比如，关于现代性的问题，大哲学家黑格尔阐释道："现代世界是以主体性的自由为其原则的，这就是说，存在于精神整体中的一切本质的方面，都在发展过程中达到它们的权利的。"❸ "我们时代的伟大之处在于自由的承认，精神财富从本质上讲是自在的。现代性的原则是主体性的自由，也就是说，精神总体性中关键的方方面面都应得到充分的发挥。"❹ 因而，现代性从传统权威的支配中解放出来的自我意识成为指导人类行为的规范，使人们通过努力发现真理，从而最终实现人的生命和自由解放。

现代西方哲学聚焦了人的现代存在的糟糕境遇，即价值意义的丧失与

---

❶ [匈] A. 赫勒：《现代性能够幸存吗?》，王秀敏译，黑龙江大学出版社 2012 年版，第 134 页。
❷ [英] 安东尼·吉登斯：《现代性与自我认同》，赵旭东、方文、王铭铭译，上海三联书店 1998 年版，第 199 页。
❸ [德] 黑格尔：《法哲学原理》，范扬、张企泰译，商务印书馆 1996 年版，第 291 页。
❹ [德] 黑格尔：《法哲学原理》，范扬、张企泰译，商务印书馆 1996 年版，第 126、127 页。

精神生活的虚无。他们认为,主体困境的原因在于近代哲学的理性主体性原则,因而他们落脚于对理性主体性的驳斥来进行现代性理论建构。比如福柯直言不讳地指出:"首先,我相信不存在独立自主、无处不在的普遍形式的主体。我对那样一种主体观持有怀疑甚至敌对的态度。正相反,我认为主体是在被奴役和支配中建立起来的;或者,像古代那样的情形,通过解放和自由的实践,当然这是建立在一系列的特定文化氛围中的规则、样式和虚构的基础之上。"❶ 因而,现代西方哲学对现代性的体察是准确的,但它对现代性的诊断却是片面的。马克思主义哲学则不然,他是充分认可理性主体性的积极意义,并且将理性主义与唯物史观进行有机整合,实现了理性与感性在社会实践中的辩证统一。

马克思现代性理论与现代西方哲学的现代性理论、西方马克思主义现代性理论相比有着三重超越转向:首先,它是对传统西方哲学思维方式的"天才"转向,实现了在哲学思维上对传统西方哲学思维方式的超越,他关注的是对主体的新认识和主客体关系的新建构。马克思在批判黑格尔哲学时指出:"当现实的、肉体的、站在坚实的呈圆形的地球上呼出和吸入一切自然力的人通过自己的外化把自己现实的、对象性的本质力量设定为异己的对象时,设定并不是主体;它是对象性的本质力量的主体性,因此这些本质力量的活动必定是对象性的活动……"❷ 马克思认为,人与自然的关系是通过社会实践建立起来的有机整体关系,主体与客体有别,在本质上是相互独立的存在,但是二者有在矛盾运动中相统一的客观现实关系。其次,马克思现代性理论是对现代西方哲学片面主体性的超越。马克思现代性理论基于对异化现象的剖析,目的是以变革外部社会环境来实现人的

---

❶ [法]米歇尔·福柯:《福柯访谈录:权力的眼睛》,严锋译,上海人民出版社1997年版,第19页。

❷ 《马克思恩格斯文集》(第1卷),人民出版社2009年版,第209页。

自由全面发展，完成人的解放的本质回归。最后，马克思现代性理论是一种实践超越。面对生态危机、环境污染、资源短缺、消费主义等现代性危机时，西方马克思主义不是像现代西方哲学那样否定现代性的理性内核和主体价值意义，而是在批判现代性困境的同时，努力恢复主体价值地位，从而实现解放理性主体的积极意义。比如生态学马克思主义理论家佩珀就表明这样的观点："人并不是一种污染源，人并不是生来就是傲慢、贪婪、好斗、富有侵略性，也不是生来就具有其他的种种野蛮性。假如人沾染这些的话，那么也并不是不可改变的遗传因素造成的，也不是原罪所致，而是流行的社会经济制度使然。"[1] 随着现代性危机问题在从传统社会发展到现代社会的资本主义发展阶段过程中日益凸显，马克思现代性理论在其辩证法的与时俱进中，始终呈现开放性与向前发展的持续性冲动，承认现代性的合理内核，为现代性问题开了卓有成效的实践"良方"，从而使马克思现代性理论成为具有超越性意义的卓越思想。

哈贝马斯作为当代西方马克思主义的杰出人物，他的"交往理论"秉承了辩证的态度，他被称为"当代的黑格尔""后工业革命最伟大的哲学家"。但他依然缺乏对社会的切实改善和建树，从而是马克思所说的专注于"解释世界"的哲学家。哈贝马斯是现代性的坚定倡导者，在其著作《现代性与后现代性》中指出："由18世纪启蒙哲学家所开创的现代性事业，就在于根据各自的内在逻辑来努力发展客观科学、普遍道德与法律以及自主艺术。与此同时，这一事业还意图将这些领域中的认知潜能从各自的秘传神授（esoteric）形式中解放出来。启蒙哲学家希望用不断积累起来的各门专业文化来丰富我们的日常生活，也就是说，理性地组织我们的日

---

[1] D. Pepper, *Eco-socialism: From Deep Ecology to Social Justice*, Deep Ecology, 1993, pp. 232-233.

常社会生活。""随着尼采开始讨论现代性话语,这个论争就彻底地改变了。"❶ 马克斯·韦伯认为:"理性精神为现代社会带来的理想化后果是:祛魅和禁欲。因而建立起一个理性化的社会。"❷ 在韦伯看来,理性化的社会其实是一个"铁笼社会",有着工具理性和价值理性的冲突和悖论,"效率和功能至上的现代制度,不得不尊奉形式理性原则,理性作为一种增效的形式手段被应用,不过这个手段反过来成为目的,霸道地宰制着人,人被手段降服。因而,这个理性,我们可以说它是工具理性——恰好走到了其反面:非理性"❸。西方马克思主义不具有马克思主义哲学所具有的理论与实践相结合的本真精神,其现代性理论陷入了主观性的意愿与构想中,没有了实践的向度,步入了学院化、理想化的沼泽,使其未能超越黑格尔主义立场。

赫勒对现代性问题的详细研究阐述体现在她的《现代性可以生存吗?》《后现代政治状况》《现代性理论》等著作中。在她看来,对现代性状况和现代性理论的分析,她同哈贝马斯一样,采取了一种反思后现代主义的理论视角;而且她对后现代社会的现代性危机中的正义问题的思考,也是在后现代视域下深刻考察和探究的。在她看来,马克思是以宏大叙事的方式展开现代性批判的,比如异化、资本逻辑、宏观经济等,而由于赫勒的个人经历,历经"二战"和各种人生转折,她对现代人的生存方式和人道主义尤其特别关注。在赫勒看来,前现代社会中人们是理性思考的,遵守"我对你所做的就是希望你对我所做的"这样的"黄金规则",然而,社会进程发展到了后现代社会,现代性使这种理性思考不再被遵守,政治哲学、社会哲学与伦理哲学三者不再统一。由于我们所处的现代多元社会已经变化不定,赫勒认为,我们面对的现时正义境遇使我们需要实现正义,需要

---

❶ 汪民安:《后现代性的哲学话语》,浙江人民出版社 2000 年版,第 348 页。
❷ 汪民安、陈永国、张云鹏:《现代性基本读本》,河南大学出版社 2005 年版,第 16 页。
❸ 汪民安、陈永国、张云鹏:《现代性基本读本》,河南大学出版社 2005 年版,第 18 页。

良善生活来"超越正义",这是赫勒的后现代性批判的理论旨趣。

5.1.2 现代性危机的消解:"超越正义"

面对现代性危机的困境,不同的哲学家给出了不同的解决方案,如哈贝马斯就提出重建理性主义,而麦金太尔则认为应该复兴传统。

首先,哈贝马斯指出,面对现代性危机,应该实现当代理性与生活世界的联姻。他的观点可追溯到黑格尔"第一位意识到现代性问题的哲学家"。哈贝马斯试图通过交往合理性这一概念重建理性、重建西方社会文化的基础。他同韦伯一样,将现代西方文化的特征概括为理性的分裂与诸价值领域的分化。在他看来,现代社会正如韦伯所言,是一个"世界解除魔咒的时代",现代西方社会的合理化发展把人们从传统宗教和形而上学世界观的"绝对价值"和"最崇高价值"的魔咒中解放出来,世界由"一神论"变成了"新的多神论",理性本身裂变为一个价值多元状态,并丧失其普遍性。但哈贝马斯认为,不应简单地将日常实践的文化贫困归因于宗教和形而上学世界观的崩溃而出现的诸价值领域的分化和独立发展。相反,在他看来,现代文化成就恰好就是建立在这种分化上,这种分化才为诸价值领域的合理化打下了基础,为各门价值领域的独立发展和长足进步奠定了基础。现代社会的真正问题在于随着诸价值领域分化所形成的专家文化和广大群众的日常生活的距离越拉越大,并由此产生生活世界重新获得专家文化,也就是专家文化如何与日常生活世界结合的难题。

因此,现代社会面临的问题是:客观上分化为诸要素的理性在现代社会还能获得其统一性吗?专家文化如何与日常生活实践结合起来?哈贝马斯虽然承认西方现代化所形成的价值领域分化的异质多元性,但他仍然秉承德国哲学的传统精神,不放弃重新结合的企图。这样的结合不能建立在任何还原主义的基础上，不能单靠某一文化价值领域的开放，而是必须回到生活世界交往互动的日常生活实践中去寻找赎回的契机，换言之，要恢复交往合理性的地位作为重新整合价值领域分化的基础。在哈贝马斯看来，理性的统一，唯有在非物化的日常生活中，才能重新赢得，而不能为哲学——不论以何种方式所设想。他说："我不相信……人们能够在文化解释系统的层面上，即以一个宗教的世界图景或者一个哲学的形式把握理性的统一，即理性诸要素的结合。在文化解释系统的层面上不再有什么东西结合，但是，理性的诸要素在生活关系和在交往性的日常生活实践中结合在一起，只是以一个十分隐蔽、伪装的方式。"❶

其次，与哈贝马斯重建理性主义的观点不同的是，麦金太尔指出，自由之后，面对现代性危机，应该要复兴传统。麦金太尔的德性理论在欧美实践方面具有强大的影响，在很大程度上，是由于他对西方当代的道德理论和道德实践所作出的深刻批判和揭露。在他看来，当代西方正陷于一场道德灾难，处在前所未有的文化困境之中，因为在现代社会中，人们已经不可能以在其他时段和地方可能的方式诉诸道德标准。道德判断沦陷为表达个人爱好、情感等的理性工具，道德的第一评判标准为个人的意志判断。这些特点在当代的各种道德哲学和日常生活实践中得到具体和多样化的体现。所以，麦金太尔的批判是从这两个方面展开的。其一，他认为，当代西方的主流文化已经是一种情感主义文化，道德状况的衰退也正是这种文化的体现，而当代的各种道德理论无一不是在实质上赞同这种情感主义主张的。然而，他认为，情感主义并不是一种成功的理论。比如，情感主义流派中的集大成者史蒂文森断言，"这是善的"这句话的意义大致与"我赞成这个，你也赞成吧"相同。在麦金太尔看来，将这两种表述视为在意义上是等同的企图是错误的。尽管情感主义是种不成功的理论，但情感主

---

❶ 哈贝马斯：《政治短论集》（第1—4卷），舒尔坎普出版社1981年版，第531页。

义没有消失。情感主义作为一种文化，不仅反映在道德上，也反映在日常生活实践中。在麦金太尔看来，情感主义的道德实践在很大程度上是在道德虚构中进行的。其二，麦金太尔指出，启蒙运动以来的一系列失败的核心原因在于，启蒙者摒弃了西方在启蒙运动以前的历史中存在的一个以亚里士多德为中心的古典德性传统。在他看来，亚里士多德决定性地建构了作为道德思想传统的内容，亚里士多德有价值的思想表现在：德性和共同体、德性和善、德性和智慧、实践德性，但麦金太尔坦言，亚里士多德的理论也有着自身的局限和错误，如非历史主义思想，认为城邦是人类最好的生活形式，人性是固定的；夸大道德统一性等，这些缺陷需要克服。麦金太尔认为，正是因为对这些传统的摒弃才导致了今天的"黑暗"，因此，麦金太尔提出构建自己的德性理论。他认为，尽管存在彼此不同的、互相竞争的德性理论，但仍然可以找到一个统一的、核心的德性概念；道德概念的界说需要依据必要的背景，依次是：实践、个人生活的叙述次序和道德传统的构成（在这里，每一个次序上靠后的以前一个为前提条件，每一个次序上靠前的既被后一个所变更，又依据后一个来重新解释）。因为在麦金太尔看来，"实践"不仅仅是指德性被践行，而是指"通过任何一种连贯的、复杂的、有着社会稳定性的人类协作活动的方式，在力图达到那些卓越的标准的过程中，这种活动方式的内在利益就可获得，其结果是，与这种获得和追求不可分离的，为实现卓越的人的力量，以及人的目的和利益观念都系统地扩展了"❶。

由此来看，无论是哈贝马斯的重建理性主义，还是麦金太尔回溯到亚里士多德的德性作为当务之急，都以追求美德整合社会与文化的多元性来重塑传统的单一的绝对的静态的正义美德。但在赫勒看来，要面对现代性

---

❶ ［美］A. 麦金太尔：《德性之后》，龚群、戴扬毅等译，中国社会科学出版社1995年版，第237页。

张扬下的现代性正义危机,她给出的答案是:超越正义。她认为,在现代社会的境况下,要想像麦金太尔的观点那样去重构亚里士多德时代的德性,是不可能和不可欲的。虽然赫勒也非常推崇德性的价值,极其赞同麦金太尔的道德巨作《追求美德》的观点,但完备的静态正义已经没有了传统社会的时代存在背景了。因而,"一方面,她坚决反对有关正义、美好世界的任何单一视角的创造,尤其能给人性方面带来大变化的方面:即任何社会秩序使自身不断地接受自我批评的能力却是最为重要的"❶,另一方面,她希望通过"超越正义"这一概念来面对和解决现代性的正义危机,她指出,"即我们可以通过试图明确地规定我们能期待什么而拥有一个丰富而舒适的道德生活"❷。而对于哈贝马斯重建理性主义,赫勒认为:"哈贝马斯的任务就是提供一个形式的、程序的、普遍性的权利概念、正义概念,既不虚空也不能化约为一个特定的善的理念。"❸ 赫勒的不完备正义定义,在理论来源上是基于哈贝马斯的话语伦理(discourse ethics)。在哈贝马斯看来,其话语伦理定义为:"既是一个能够取代康德的绝对命令的一般的道德理论,又是一个能够取代社会契约模型的民主合法性的理论。"❹ 赫勒同时指出,哈贝马斯"唯一的道德原则"正义的原则不过是绝对命令的一个替代品,"但是正义原则不是一个纯粹的卓越(Excellence)的道德原则(像绝对命令那么真实),因为它不得不诉之于利益和后果,而一个纯粹的道德原则绝不会这样。从这个方面来看,哈贝马斯式的建议绝非康德式的"❺。因此,不管是麦金太尔追求的追溯亚里士多德的德性,或者是按照哈贝马斯的方式来构建现代性,赫勒主张的都是——解决现代性危机

---

❶ Jean Cohen, *A Review of Agnes Heller*, *Beyond Justice*, International Praxis, (8:4) January 1989.
❷ Jean Cohen, *A Review of Agnes Heller*, *Beyond Justice*, International Praxis, (8:4) January 1989.
❸ Jean Cohen, *A Review of Agnes Heller*, *Beyond Justice*, International Praxis, (8:4) January 1989.
❹ Jean Cohen, *A Review of Agnes Heller*, *Beyond Justice*, International Praxis, (8:4) January 1989.
❺ [匈] A. 赫勒:《超越正义》,文长春译,黑龙江大学出版社2011年版,第248页。

的根本方法是实现"超越正义"。

5.1.3 "超越正义"即实现正义

正义是人类永恒的价值追求。公平是相对而言的，因而是否可以实现正义，应该从历史的角度出发，来探索正义最根本的现实价值。我们这里，不妨从马克思这位终其一生关注人类的社会解放和正义运动的伟大思想家的角度来进行分析和阐释。马克思认为，人类的正义之境会随着人在经济生活中逐渐获得独立、自由和平等而达到。马克思始终关注人的自由解放与全面发展，马克思明确地说明："任何一种解放都是把人的世界和人的关系还给人自己。"❶［出自马克思的《论犹太人问题》（On the Jewish Issue）］这一点赫勒与之有所不同，赫勒是从微观层面来探究正义的，而马克思所处的时代和境遇使马克思对正义与不正义的探究是从宏大叙事开始的。我们知道，马克思对非正义现象的批判开始于《莱茵报》时期，那时他已经非常清楚地指出，国家的政治权力和法律都是为资产阶级服务的，而理论上的分析和批判则始于他对黑格尔《法哲学》的阅读和研究。马克思终其一生，都是为了追寻社会的正义和探求人类解放的真理。

相对于马克思对正义的终极追求，赫勒的看法是："超越正义"就是实现正义。因为在她看来，正义是相对于不正义而言的，如果真的存在完全的正义社会，那么不正义将会消失，在这种情形下去探求正义将毫无意义。我们可以展开进一步的设想，如果在这样一个社会中，不存在正义和不公正的现象，然而这样的社会能否"超越正义"？答案是否定的。因为赫勒"超越正义"的构建，是基于现代社会中人们的道德、精神世界出现的问题。在她看来出现了这样的问题会导致社会生活世界的不公正，因而

---

❶ 《马克思恩格斯全集》（第 1 卷），人民出版社 1965 年版，第 443 页。

提出了对于正义理论的设想及构建。赫勒接着继续分析，人们如果生活在一个实现了公正的社会背景下，就应该追求正义的概念，即完全静态的正义概念。人们在这样一个完全公正的社会中遵守规范和规则，是理所当然的，而且将永恒不变。也就是说，社会中的每个成员都将一贯地按照自己内心的道德准则来遵守社会的规则和规范，那么人们可以继续按照自己的正直、诚实、善良的本性行事，因而社会的正义和法律成为人们自我改造、所自觉遵守的标准，国家的正义体制也更好地保护和保障了良好公民的利益，正义战争和不公正现象不再是社会的主要问题。从这个意义上来说，赫勒的"黄金规则"被普遍推进和适用，人类将是无限美好的。但是，在以非理性主义为主导的现代社会中，动态正义在现代社会中的出现已无法逆转，因此，一个完全公正的社会，仅仅是一个消极的乌托邦梦想。无论在人类历史发展中，还是在当下的现代社会中，在赫勒看来，完全公正社会是不可为也是不可欲的。

正是因为在历史发展和社会现实中，不存在完善的正义社会，赫勒提出，在现代社会中追求正义应该是"最有可能实现的道德世界"。在她看来："在一个多元化的世界中，其中每一种文化都是通过彼此互惠的纽带与所有其他文化联系在一起是何以可能的？"[1] 虽然传统社会中的"黄金规则"："我为你做了你应该得到的 A，那么你也应该做 B 于我，这是我应该得到的（因为我为你先做了 A）"已经不再适用于现代社会，但赫勒仍然指出，在后现代社会中我们依然必须加强和深度考察关于不完备伦理政治正义（incomplete ethical political justice）这一定义，因为这一概念存在和需要面临的思考是：一是社会政治之规范和规则的最初建构；二是社会政治规范和规则（以及法律）应当通过程序被检验为不正义。[2] 她所坚持的

---

[1] [匈] A. 赫勒：《超越正义》，文长春译，黑龙江大学出版社 2011 年版，第 233 页。
[2] [匈] A. 赫勒：《超越正义》，文长春译，黑龙江大学出版社 2011 年版，第 242 页。

观点是，只有通过不完全正义理论解决社会政治和道德规范的基本问题，在此基础上建立正直人的美好生活，才是真正实现"超越正义"的现实，那才是真的实现正义。

5.2 "超越正义"与伦理—政治正义

赫勒认为，以往的传统社会即前现代社会中正义的概念从哲学层面来看，是静态的正义，但正义的概念又是多元的，她在《超越正义》一书中，从伦理的正义的角度分析了道德政治正义的概念。在某种意义上来说，赫勒的静态正义概念基本等同其伦理政治正义概念。我们在这里分析赫勒如何从伦理—政治正义的角度展开其论述，怎样分析伦理—政治正义在现代性中分裂的问题。

5.2.1 伦理—政治正义的概念

赫勒在《超越正义》一书中，对伦理正义概念的阐释是这样开始的，她认为："好人应该幸福，因为他们值得幸福；坏人不应该幸福，因为他们不值得幸福。"[1] 她的看法是，这种观点是伦理正义概念的基础。在她看来，好人过得幸福和坏人应该不幸福的社会秩序，就是一个社会的正义秩序。她的这种逻辑，就如同我们中国人经常所说的"善有善报，恶有恶报"有着相似的说法。但她接着又指出，并非所有的伦理正义概念都蕴含着一种正义的政治概念。她认为必须分清"善"或者"美德"到底是什么，她的观点是，好人和有德性的人都是善良的，他们都会遵守社会道德

---

[1] ［匈］A. 赫勒：《超越正义》，文长春译，黑龙江大学出版社2011年版，第49页。

规范下的合理性。在她看来,"正直"可以用来指代伦理正义这一概念。赫勒分析认为:"一切正直行为所固有的目的就是建立一个彻底道德的世界,在那里善恶之间的选择将不再存在。"❶ 她明确认为:"正直的概念是道德的概念,并且它是一个绝对主义的概念,因为它是无条件的。"❷ 她的观点是:正义的伦理—政治概念的伦理方面(伦理的正义概念)代表了正直的含义。接着她认为,尽管从正直的观点来看,"对于最佳可能的道德世界,我们如果从问题的本质上来看,是否在现实社会实践中具有现实的可能?!"这样的疑问对我们来说其实已经无关紧要。比如,柏拉图希望设计一个最佳可能性后,也考虑到这个问题,因此他打算考虑设计一个可能的次佳的道德社会,他的城邦社会就是最好的例证。我们今天看来,最佳可能其实是不科学和不可欲的。因此,赫勒坚持她的观点,没有必要建立绝对的道德社会,而如果立法建立最佳或次佳的道德社会,这样的现实和社会可能是合理和可以接受的。

在对伦理—政治正义(ethical - political justice)这一定义的解释中,赫勒明确她的观点是:关于伦理—政治(ethical - political)中的正义,它具体会表现在伦理和社会政治内容上存在理论和内容上的张力,存在的这一张力关系也只能运用宗教和哲学来加以解决。因此,她认为存在两大悖论:第一,伦理—政治的正义概念在宗教信仰中的悖论。在她看来,先知们关于正义的理念基本是建立在有关神圣正义的智慧的基础上的正义,是与正直相匹配的智慧。尽管正义是行为的目的,但这种行为是为了全体人民——为了"我的"人民也是为了所有人。同时,她认为伦理—政治的正义概念还建立在三大支柱的基础上:(1)相信道德规范是上帝的戒律;(2)相信上帝能看到我们所做的每一件事;(3)相信人将在上帝审判时被

---

❶ [匈] A. 赫勒:《超越正义》,文长春译,黑龙江大学出版社2011年版,第50页。
❷ [匈] A. 赫勒:《超越正义》,文长春译,黑龙江大学出版社2011年版,第54页。

召回，遵守正义和美德的人将是在正义和信仰之所。其实，对现代社会中的人们而言，当道德实践的问题在现实中遇到"瓶颈"时，依靠上帝是根本无法解决的；同时，也是比较重要的一点，即宗教的影响力在一定范围内对真正信仰该宗教的人群是有效的，但在这样范围之外，影响力是不大的。第二，伦理—政治的正义概念在哲学理性中的悖论。在赫勒看来，柏拉图在《高尔吉亚篇》和《理想国》中提到了关于正义和美德在理性的前提下如何实现的问题，但哲学家是为了捕捉非哲学家的灵魂的，是打算为正直进行论证的，这种哲学的方法是非宗教的，因为人的存在才是在社会和世界中施行善或者恶的根本载体，人是带有情感和理性的共同体，即便是伟大的哲学先知们也无一例外，如果需要使道德的评判公平和公正，理性是第一判断依据。因此，在《高尔吉亚篇》中，苏格拉底以理性的高端态度赢得了辩论，即"遭遇不公正胜于实施不公正"，但"遭受不公正胜于实施不公正"。但这个论据尚未得到证明，伦理—政治中正义概念的哲学理性悖论就存在于此。

也正是由于这样的现实问题，苏格拉底的理论精神应当被后来的追随者们视作哲学的真谛和真理，但是对于那些没有掌握真理的哲学家来说，又会如何？对于并不深谙哲学的人来说情况又怎样？因为并非所有人都像苏格拉底那样的，都可以将善作为第一美德和准则，把行善当作愉悦之事。尽管我们知道，在任何社会的道德世界中，在人们通往正义之城的路上，都需要有一个像苏格拉底这样的人，这种对善和美德的向往需要人们包括全体社会成员都能够认可这种善和美德。在任何社会的道德实践中都需要这样的引领，需要如苏格拉底这样的哲学和理性的哲学家，但是现代性张力下哲学和理性并非唯一解决问题的选择路径。

5.2.2 伦理—政治正义在现代性中的分裂

赫勒在《超越正义》一书中，以她深邃的哲学家的思维方式非常详尽和细致地阐释了关于"伦理—政治正义在现代性中的分裂"，虽然这一内容在西方哲学家如霍布斯、卢梭、黑格尔、康德、马克思、麦金太尔那儿从仁爱、至善、自由、德性等角度已经作了剖析，但她是从这样的三个层面进行论证的：关于伦理—政治正义与现代性的诞生；重新审视"灵魂之城"；超越正义与人类学革命。对此，本章不再重复她的论证。

关于对现代性的理解，我们知道，历史和社会一直是如车轮滚滚不停向前发展的，相应社会阶段中的伦理道德和社会正义也会随着人们思想的发展和时代的变迁而变化，这就引发了现代性的发生。

在赫勒看来，在前现代社会（比如"远古时代"），伦理道德对传统社会的人们来说是真实可遵守的，那时的人们都遵守着正直和美德；然而现代社会不再遵守理性思维，善和美德的概念对人们而言淡薄且非理性，按照赫勒的观点来说，自由的悖论已经是现代性中最突出的悖论了。在她看来，现代性中最大的难题是关于"善"的问题。赫勒认为，伦理政治的正义概念在现代性中不断分裂，现代性分裂的最后是没有了伦理—政治正义的社会政治特性，仅剩的残余部分被赫勒称为惩罚正义、分配正义、"正义"与"不正义"之战。伦理—政治正义的分裂，原因是以前在传统社会中人们关于美德和善的理性主义共识在现代性张力下的现代社会中被消解和淡漠了。黑格尔在《精神现象学》中也讨论了这个问题，他写道："我们所考虑的社会美德（现代的美德概念）已经与精神实体发生了分离，它已经不再是一种现实的美德，而是一种缺少实质的内容。"[1] 赫勒的眼中，

---

[1] G. W. F. Hegel, *Phenomenology of Spirit*, London, Oxford University Press, 1977, p. 390.

第 5 章 "超越正义"与现代性危机之消解：赫勒"超越正义"理论的逻辑中介

现代性的张力使伦理—政治正义概念呈现一个被消解和淡漠的过程。前文提到正义最早可以追溯到苏格拉底，对"善"和"德性"的研究，接着如柏拉图设计的"理念世界"，不同于苏格拉底的伦理"善"的观念，柏拉图的"善"的意义要宽泛得多，具有本体论、知识论、伦理学三重意义。首先，善是一切理念的开始和目的；其次，人的认识活动就是对"善"的记忆；最后，"善"是人的最高德性。在亚里士多德看来，人的幸福就是实现人性的完善，它也是一种理性活动。洛克运用一个好国家所具有的形式特征，来替代国家的本质性特征，在这个意义上他实现了将道德转变成科学的过程。大思想家卢梭，是第一个开始展开对理论理性与实践理性进行比较研究的学者，他坚持认为，意志和理性应该分离，因此，他在其著作《社会契约论》中认为，要解决的关于伦理—政治正义的问题，就是要将基于人们道德内心的自由道德观念和良心道德观念彻底瓦解。

总之，在某种意义上讲，到了近代，康德可以看作是启蒙时代的思想大师。在他看来，洛克所推崇的个人自由主义（personal liberalism）和卢梭的善意理论（good faith theory）需要进一步理论转换，因而形成了康德的善良意志理论（good will theory）。哈贝马斯批评了康德的"绝对知识"的概念，哈贝马斯坚持认为，如果解决这样的现代性危机，人类应该重新定义三种知识模型：实证分析、历史解释和批判性知识。哈贝马斯认为，通过这三种知识活动，人类可以充分理解现实。当然，哈贝马斯并不否认普遍伦理在生活世界中具有适用性，因为人类渴望追求更美好的生活。正如赫勒所认为，"道德哲学成为形式化的和程序的，是为了维持和加强关于至善与美好生活的理念"[1]。她认为，在后现代社会中因为现代性的发生而产生的一系列现代危机的状况下，实现人们的美好生活、解决道德哲学的精神问题，人们需要依靠两种道德哲学来简要地解决人们所面临的现代

---

[1] [匈] A. 赫勒：《超越正义》，文长春译，黑龙江大学出版社 2011 年版，第 98-99 页。

困境，即功利主义和康德主义；而且，康德主义是比功利主义更好的方法。因为：首先，康德主义完全割断了理论理性和实践理性；其次，康德把诚信视为最可能的道德世界的基本条件，同时又将"善"分开了。实际上，我们可以根据赫勒对伦理—政治正义和现代性概念的解释知晓，她的结论与大多数当代哲学家的理论是相似的，从某种程度上来说，她的论证更加具有层次性，论证更加详尽和充分。

由此可知，现代性的危机不在于现代社会的工具理性化，而在于对理性主义和规范作用之间的制衡。因此，起源于古代传统社会的伦理正义和政治正义概念中最核心的概念——善与美的美德——在现代社会中逐渐被边缘化，并被自由所取代。现代化的过程是后现代社会中的最重要的发展历程，在这个过程中，自由越来越在价值体系中占据中心位置。尽管伦理正义的概念的时代变迁在某种程度上是一种痛苦，但以前的古老传统社会中完整的伦理—政治概念一直无法适应现代社会的发展和需求，赫勒认为，随着现代社会中伦理和政治正义的瓦解与冷漠，有必要实现超越现代性的正义。

5.2.3 从伦理—政治正义到"超越正义"

在其著作《后现代政治状况》(*Postmodern Political Situation*) 中，赫勒阐述道："在现代社会中，神圣正义的信仰已经被普遍摧毁，并且不再为我们大多数人提供指导，'自然法'理论已经被一再抹黑。不过，这并不意味着我们缺乏最终的尺度。实际上，现代社会的出现伴随着两个价值的普世化。这就是自由和生命的价值。"[1] 现代性起初缓慢地，后来以日益增长的速度改变了所有这些，因此，赫勒开始放弃以前的完备伦理—政治正

---

[1] [匈] A. 赫勒：《后现代政治状况》，王海洋译，黑龙江大学出版社 2011 年版，第 145–146 页。

义这一宏伟概念，并且不打算诉诸单一的乌托邦模型，而是希望在微观的日常生活理论中加以实施。因为，现实世界是多元和变化的，以前统一普遍的理性主义的标准已经无法适应现时期社会正义的现实，赫勒打算构建一种可以实现"超越正义"的良善生活。这种良善生活的内容是宽泛的，也是开放式和不具体的，是一种可以适应多种变化的生活方式。因为在她看来，在这样的现代化社会生活中，人们必须学会从每一个主体的角度去建立一种良善生活，并且是从人道的社会主义角度出发去构建良善生活。她认为，建立这样的正义社会的起点就是建立一种以"正直的人"为核心的良善的日常生活，因为在她看来，人（正直的人）就是道德的主体。在柏拉图看来，他将正直的人视作宁愿忍受别人的恶行而自己不做恶行的人，而康德则将正直的人视为具有"善意"的人。赫勒秉承了这些先知哲学家的思想，在她看来，只有正直的人才是她打算构建的良善生活的主体。

虽然正直（诚实和善良）是构建良善生活的首要条件，但正直和善良的人这个主体，在赫勒看来，是需要一种好的社会环境来生成的。而生成正直和善良的人的社会环境是基于一个最佳的社会生活世界。生活在其中的人们的社会共同体关系是彼此互惠，并且这样的社会生活环境使正义程序便于人们实践的生活世界。对赫勒而言，只有这样的社会环境才是生成正直和善良的人的首要条件。

在赫勒看来，只有正直的人的存在，才能将外部和社会的宏观社会政治共同体转换为个人的内在的情感共同体。这是因为，在过去的传统社会中，其伦理和政治正义是相对完整的，正义的社会合法性基础是完善的，有利于社会共同体中的个体价值的实现，有利于社会共同体的个体价值的实现，因为正义的社会合法性是从国家和社会的宏观构建之中获得的。但是，在过去传统社会中完备的道德和政治正义的背景下，由人组成的社会共同体依赖于个人遵守的社会正义规则，并且社会共同体在传统社会（静态正义）和后现代社会（动态正义）这样的社会体制下所追求的社会正义，是所有社会成员在社会共同体中遵守人们共同确定的规则和规范，赫勒强调基于情感依恋的人类社会社区，即她打算建立的理念是以实现美好生活中对正义的超越。显然，赫勒放弃了从宏观角度实现正义转变的想法，打算从具体和个人自我道德建构的微观角度来改变和实现正义。总之，赫勒关注的是：在后现代的现代性危机的现实理论背景下，正义和美好生活的实现，需要更加注意个人内在道德精神的建设，生成正直的、高尚的、诚实的良好公民。这样的人的主体，才是赫勒构建的实现"超越正义"中的关于人的主体构成；也只有这样的正直的人，才可以实现"超越正义"。

5.3 "超越正义"与不完备的伦理—政治正义

我们知道，赫勒打算放弃传统社会中的完备的伦理—政治正义的概念，面对现代性的特定的社会生活世界，提出建立一种适应后现代社会的社会共同体的一种特别的正义理论。她打算以构建良善生活为目的，实现正义的超越。但她在探析构建良善生活的前提时也抛出这样的问题："完全正义的社会何以可能？它是可欲的吗？"因此，要回答这样的问题，我们必须分析赫勒关于正义的定义。

5.3.1 不完备的伦理—政治正义

伴随现代性的发生，在赫勒看来，伦理—政治正义的概念发生了变化。因此，诸多现代西方哲学家对现代性作了深刻的思考和研究，如福柯的后现代理论、利奥塔的后现代主义、哈贝马斯的批判理论、罗尔斯的自由主义等。可以说，这些思想家是从不同的层面、角度梳理了现代社会异于传统社会的正义理论和特征，并分析和阐释了在现代性下社会正义理论相应的变化。但这些哲学家的正义理论没有从宏观到微观对正义概念的转换进行分析，比如罗尔斯是从平等主义的自由主义者的角度分析了正义思想，而哈贝马斯是从批判的角度提出现代性重建的理论，等等。

从宏观角度分析和追求正义，赫勒沿着马克思的思考，并有着殊途同归之处。比如，马克思是从宏观的角度来关注正义理论发展的，对于正义，马克思的思想发生的转变大致可分为三个阶段：马克思对传统正义观的继承阶段、马克思对传统正义观的批判阶段和马克思的批判正义观。概括地说，在第一阶段，马克思继承了自由正义概念的某些要素，并继承了古典正义概念的某些特征。在第二阶段，他批评了古典正义概念的某些特征。在第三阶段，他通过《德意志意识形态》（与恩格斯共同发表）、《共产党宣言》、《资本论》、《法兰西内战》和《哥达纲领批判》这五个核心文本，形成马克思的正义理论。由此可见，马克思的正义理论是发展变化的；是在与其他思想家和现实的碰撞中逐渐演变的。在这内部发展过程中，它经历了现代自由主义、启蒙思想，以及对黑格尔和费尔巴哈古典正义观的发展和批判，最后实现了马克思的从人本主义正义观向历史唯物主义正义观的转变。

而赫勒的思想也可以说是一个非常庞大的理论体系，赫勒的理论研究著作颇多，是一个多产、多理论角度的哲学家，她关注社会正义、人道主义、现代性、历史理论等方向和层面，其理论总体走势是从宏观趋向微观，因此从宏观角度来看，赫勒在关注社会正义理论方面的方式与马克思在某种程度上可说是极其相似的。如赫勒在最早期关注社会主义人道主义的变化，后来逐渐转变到微观层面，赫勒的《日常生活》一书，可以看作她转向微观层面的一个转折点，她的《超越正义》更是在微观层面上对正义理论进行了详尽细致的阐释，至此，赫勒在现代性理论的冲击下将她的目光从传统社会转向后现代社会。她对于正义的定义阐述也随之发生了转换，即从完备的伦理—政治正义（complete ethical - political justice）转向了不完备的伦理—政治正义（incomplete ethical - political justice）。她认为需要实现正义转换的理由是：现代性的发生导致先前的完备正义概念已经无法适应新时代背景下的社会正义了。现代性危机下发生的社会历史"日行千里"的境况已今非昔比，以前传统社会的正义早就不能适应现阶段人们对于正义的需求。赫勒认为，马克思的正义概念没有切实联系到当下时代的社会正义，还存在于社会共同体中的人作为主体的道德层面上的内容。因此，赫勒认为马克思的这种正义构建过于宏大，于是她根据自己的理论构建，提出不完备的伦理—政治正义，她总结的定义为："为不同的生活方式构建一个共同的规范化基础。……它假设同时并存的不同生活方式之间能够通过彼此互惠的纽带联结在一起。"❶ 因为，在赫勒看来，在现代性的时代背景下，完备伦理—政治正义最终走到了尽头，从此，现代性的发生推动了不完备伦理—政治正义概念产生的无法阻止的、历史前进的脚步。

5.3.2　不完备的伦理—政治正义的规范基础

根据赫勒的理论阐述，现今社会的人们，在道德精神的层面，已经不同于以往人们对于正义和道德的崇尚和遵循，虽然人们的经济基础和社会生活生产生存的状态已经发生了彻底的改变，生活的状况已经不再窘迫，也没有遭遇战争和不正义的迫害，但是，存在的现实问题是人们的精神世界是"贫困的"，人们不再关注美德、正义和社会正义。因而，赫勒认为，需要进行现实的反思，进行哲学的思考；她进一步认为，随着社会和时代

---

❶ ［匈］A. 赫勒：《超越正义》，文长春译，黑龙江大学出版社 2011 年版，第 233 页。

的变迁，正义的定义也需要重新进行思考。她提出的不完备伦理—政治正义的具体内容是为了给生活在不同世界的各地域和各文化差异下的人们，在所生活的社会共同体中构建一种行为准则和规范。但这种规则和规范是不可能存在于某种单一的道德基础之上的，所以，她接着发问："在一个多元化的世界中，其中每一种文化都是通过彼此互惠的纽带与所有其他文化联系在一起是何以可能的?"❶ 虽然有赫勒静态社会中的"黄金规则"："我为你做了你应该得到的 A，那么你也应该做 B 于我，这是我应该得到的（因为我为你先做了 A）"。因此，赫勒分析指出，关于不完备的伦理—政治正义这一定义，需要这样来解释："不完备的伦理政治正义概念并不着眼于构建一个正义的或完全正义社会的愿景。相反，它设法解决的是两个彼此相连的问题。第一个问题关系到社会政治之规范和规则的最初建构；第二个问题关注的是社会政治规范和规则（以及法律）应当通过程序被检验为不正义。"❷

第一，不完备的伦理—政治正义的社会政治方面的内容。赫勒认为，如果要实现和奠定一个最佳的可能的现实世界，那么与之相适应的应该是不完备的伦理—政治正义，其中要同时具备社会政治和伦理这两个方面的因素。社会政治因素的存在，是因为在现代性的多元社会中，让不同类型的多元文化能够互相融合在一起，道德因素是为在这个动态的多元化世界中实现最佳社会世界提供道德保护。赫勒指出，只有当一个社会中人们之间的社会共同体拥有统一规则和规范的社会和政治基础时，这个社会共同体中的人们的政治方面和社会方面的行为才可以称为"黄金规则的一般化和普遍化"。这是因为，一般化的目的是可以将传统社会的正义规则应用到现代社会的正义中；普遍化的目的表示了"黄金规则"可以运用到全部

---

❶ ［匈］A. 赫勒：《超越正义》，文长春译，黑龙江大学出版社2011年版，第233页。
❷ ［匈］A. 赫勒：《超越正义》，文长春译，黑龙江大学出版社2011年版，第242页。

社会形态中以指导人们的行为准则。赫勒认为，关于不完备的伦理—政治正义的规范是正义的一种目标，这种正义目标包含了：自由和平等。正义这一概念，自柏拉图以来的哲学家都认为，正义就是美德。因此，这也验证了赫勒的观点：不完备的伦理—政治正义的规范基础包括政治至善（political perfection）和社会至善（society perfection）的要素内容。赫勒称"黄金规则"所具有的一般化和普遍化这两个特征为政治至善。而赫勒对生活在社会共同体中的人们按照政治至善的规则所做的社会行为（具体体现在人们生活方式和社会文化的多元性）又称之为社会至善。政治至善体现的是"所有人的平等"的统一规范，社会至善具体表现的是"所有人生命价值的平等"的行为标准规范。实现了最高的政治至善和社会至善，就实现了赫勒的理想生活，但是最好的政治生活社会可能仅仅是一个前提条件，即使实现了最好的政治生活社会也不等于实现了最好的道德精神世界。赫勒所坚持的正义理论观点是：正直的人、良善的好公民所具有的生活和社会行为才是实现理想生活世界的前提目标和主体构成。

总之，赫勒的论证结论是——强调规则和规范的普遍化，即政治至善和社会至善所形成的最佳的美好世界的目标，就是道德至善。她指出：罗尔斯的《正义论》是完备伦理—政治正义的最好的例证，但她认为罗尔斯的"三体合一"模式理想化了，存在缺陷，因此她放弃了罗尔斯的论证。她认为可以接受哈贝马斯的商谈伦理观点："在哈贝马斯关于'商谈伦理'的研究中，他把'普遍化的基本原则'理论作为唯一的道德原则。"[1] 而赫勒认为哈贝马斯关于商谈伦理的设想，需要通过参加商谈的所有人的自由共识，而其中的每一个人是不同的个体，具有各自不同的价值观，在商谈的过程中如果每一个人都试图论证其价值观是否具有价值性或者是合法性（合理性），他们之间一旦无法形成共同的价值认识，这种形式的商谈过程

---

[1] ［匈］A. 赫勒：《超越正义》，文长春译，黑龙江大学出版社2011年版，第247页。

也就无法达成共识。因而,赫勒认为哈贝马斯的定义存在悖论,原因在于缺少了真正反映普遍化基本原则的最根本的普遍价值:自由和生命。因而,赫勒这样来对"普遍化原则"加以定义:"每一个有效的社会—政治的规范和规则(每一个法律)必须符合可预知的后果和副作用的条件……并且对实现自由和/或生命的普遍价值的规范的要求可被每一个个体所接受……并且规范必须比其他的可替代规则更大程度上地(更充分地)实现自由和/或生命的普遍价值。"❶ 她指出,哈贝马斯之所以强调普遍化原则,那是因为现代性发生了正义内容的规则和规范适用性的问题。她认为现代性下多元文化各异,个体的差异现实有可能导致人们在文化差异和思想碰撞下产生各种社会冲突。因此,赫勒强调了动态正义的作用,指出:"一个'正义的社会',一个没有动态正义的社会,它是不可欲的。可欲的是作为一个正义程序的动态正义的一般化和普遍化。"❷ 赫勒认为解决冲突问题的方案是:对话。因为,在她看来:"众所周知,经由正义程序确证的社会—政治的规则和规范(法律)也是一个解决问题或是不断维持一个目标的手段。有时目标(问题)本身就是这样,两个普遍价值("高阶共识")中只有一个才能在对话中获胜……对话中的所有成员可以同时诉诸自由和生命这二者。"❸ 因此,我们可以看出,赫勒企图"摆脱"哈贝马斯的"商谈对话",但依然有着哈贝马斯理论的影子。

第二,关于不完备伦理—政治正义的伦理方面的内容。赫勒关于这一伦理方面内容的阐述,其基调是:正义是一种美德,不正义是一种恶习。在她看来,只有这一定义中的伦理内容在人们的生活中起到指导人们行为和准则的作用时,才真正地实现了伦理所具有的调节社会多元化和人们生活

---

❶ [匈] A. 赫勒:《超越正义》,文长春译,黑龙江大学出版社2011年版,第254页。
❷ [匈] A. 赫勒:《超越正义》,文长春译,黑龙江大学出版社2011年版,第260页。
❸ [匈] A. 赫勒:《超越正义》,文长春译,黑龙江大学出版社2011年版,第267页。

世界行为的价值作用。现在让我们转向麦金太尔关于德性——正义的德性。他对后现代社会人们的文化进行了批判，在他看来后现代社会的人们的道德哲学已经发生了严重的现代性危机，存在这种精神世界危机的最本质原因在于，人们抛弃了以前应该拥有的美德和道德哲学的追求，而对理性和自由主义极其崇尚，因而，他认为：当代的道德差异不过是人们之间相反意志的冲突，因为每个意志都有自己的任意选择。如何理解当代道德的特征？如何根除当代道德分歧？麦金太尔试图从两个方面进行回答。一方面，自18世纪以来到19世纪的启蒙运动，"始终存在着力图提供一种任何个体都能认同的美德解释的系统化企图。但是，该解释诉求的理性概念是一种不充分的概念"❶，启蒙运动是失败的。另一方面，这些差异源于从中世纪到现代世界的过渡中对古老道德传统的完全否定。人们对于这种古老的道德传统如亚里士多德的美德观念和人类善意的目的论世界观失去信任，原始的统一道德模式被瓦解。赫勒分析，麦金太尔的观点中存在一个关于道德目的和完美德性的共识，并且人性被视为是为了达到这个目的——"善"而塑造的原材料。❷ 在赫勒看来，"麦金太尔认为现在关于道德目的的共识是缺失的，因此有关'人性'及其道德潜力的每次讨论都是毫无意义的"❸。因此，赫勒的观点是：在一个现代性下的多元社会生活世界，即使有了具有合法性的规则和规范，仍需要有具有正义实践的人即正义的人，才是具有正义美德的社会。因此，在她看来，"公民的美德"只不过是所有良好公民必须分享的美德。同时，她指出："所有的公民美德——是'良好公民'的重要组成部分——在民主主义的空想中显然是存在的。它

---

❶ ［美］A. 麦金太尔：《三种对立的道德探究观》，万俊人、唐文明等译，中国社会科学出版社1999年版，第1页。
❷ Alasdair MacIntyre, *After Virtue*, *Notre Dame*, Ind.：University of Notre Dame Press, 1981.
❸ ［匈］A. 赫勒：《超越正义》，文长春译，黑龙江大学出版社2011年版，第80页。

们是'大众的美德',至少在具有强大民主传统的社会里如此。"❶

按照赫勒的论析,她认为,这样的良好公民背后的驱动力是公民的美德,而公民的美德又将基本需求和理性结合在一起,公民的美德也将对正义的基本需求和合理性结合在一起。因此,在赫勒看来,这些良好公民的美德才能保证实现最佳道德社会,但并非实现最佳道德实践的绝对前提条件。因此,在上述情形下不完备的伦理—政治正义得以实现,赫勒"超越正义"的目标才有可能实现。

5.3.3 从不完备的伦理—政治正义到"超越正义"

不完备的伦理—政治正义的概念的内在实质,就是在多元文化的社会中为不同生活方式的人们之间提供一种可以建成社会共同体的社会政治和道德的规范化的基础。按照赫勒的分析,不完备理论—政治正义就是从社会政治的层面和道德层面提供一种要求,使具有良好美德的良好公民共同构建她所理想中的美好生活和美好社会。这样的良好公民构建的美好生活世界和社会,就是赫勒理想中实现了"超越正义"的社会。赫勒认为,也只有在这样的生活世界,实现了从不完备的伦理—政治正义到"超越正义"的实质性的飞跃。因而,我们可知,在实现这个飞跃中社会政治的规范性基础仅仅是前提条件,而良好公民的美德即德性是至关重要的。因为,赫勒认为,即使有了好的社会规范基础,但公民的美德才是实现其理想的美好社会生活世界的主体构成。她对不完备的伦理—政治正义的定义内容,就是赫勒构建的最美好的道德社会世界。在这样的世界中每一个公民对道德的遵守和选择是自由和自觉的,这样的社会共同体中每一个人都是她理想中的良好公民。所以,赫勒正义理论建构的宗旨和归宿,就是使政治至善、

---

❶ [匈] A. 赫勒:《超越正义》,文长春译,黑龙江大学出版社 2011 年版,第 282 – 283 页。

社会至善，这样的社会将会成为人们的精神道德世界的美好归宿，让那些具有美德的、正直的、诚实的、善良的好人成为最理想美好生活世界的人的主体构成和基础性条件。

马克思的思想研究是通过对资本主义的政治、经济以及意识形态的批判来展开的，赫勒的"超越正义"理论与马克思对共产主义理想运动的实现在本质上有着共同的理论归宿。马克思主义最根本的宗旨就是实现人的全面的自由和解放，使正义回到现实生活世界，使人可以有权利实现最佳生存状态的价值诉求。可以说，马克思的正义理论宗旨更加彻底和更具解放性。因为，相比之下，人类道德生活世界的构建只是人类生存状态的一个基本维度，但是如果人类最基本的社会和政治条件没有得到根本改变，那么赫勒的最佳生活世界和个人道德主体性的建设永远是空中楼阁。因而，赫勒的这种不完备伦理—政治正义理论到"超越正义"理论概念的构建，我们分析其内容意义背后，感受到的是她深深的和浓郁的后现代主义的气息无处不在。后现代主义的主题是超越和批判传统，赫勒说："正如黑格尔所说，时代的伦理成为真正的起点。"赫勒认为，哲学家对现在和未来同时下注。在她看来，"哲学家们总是对人性的本质、道德的起源以及美德和恶习的起源持不同意见。……但是相反，当开始表述世界的道德状况时，他们的意见是完全一致的"[1]。

因此，类似赫勒这样的后现代主义哲学家们，他们从批判宏大叙事本身开始转向微观生活世界本身。无疑，赫勒从不完备伦理—政治正义到"超越正义"理论的构建，其实质就是基于现代社会中现代人的道德状况而提出来的。这一理论主张认为，在高速发展的后现代社会中，人们的精神生活世界和价值理念已经逐步被各种经济和政治等力量腐蚀，道德已经让位于金钱和权势。赫勒的"超越正义"理论的主题中贯穿的是对 20 世

---

[1] [匈] A. 赫勒：《后现代政治状况》，王海洋译. 黑龙江大学出版社 2011 年版，第 52 页。

纪人道主义的缅怀和追寻，但赫勒的独到之处是她以现代人的道德状况对道德问题的重新审视，深入浅出，她的推理、论证及阐述是从细致入微的角度表达出来的，其论证和阐释是环环相扣、循序渐进的，因而，赫勒构建的"超越正义"理论主张具有特别深刻的现实意义。赫勒认为，面对现代性危机，现实生活世界所具有的开放复杂性和文化多元性，社会共同体中的人们崇尚自由主义和自我个性，因而决定了处于这样的社会环境中的人们在面对社会正义和精神道德选择时，须重新重视良好公民的美德建设。在赫勒看来，这是建设美好生活世界的必要选择。

本章小结

随着现代性的发生，正义理论遇到了危机，在赫勒看来，只有实现了"超越正义"才可以实现现代性危机的消解。她进一步指出："超越正义"就是实现了正义。在从以往的传统社会走向我们现在的社会的过程之中，随着社会、政治等因素的变化发展，正义也出现了类型、内容和形式等的实质性变化，伦理—政治正义也在现代性中发生了分裂，并分析了从伦理—政治正义到"超越正义"的变迁。与以往的适应传统社会中的静态的、形式的正义以及完备的伦理—政治的正义理论转向了不完备的伦理—政治的正义。赫勒同时指出，在这种正义转换的过程中，政治至善和社会至善的实现才可以实现最理想美好的社会生活世界，而过去社会中对道德哲学的强调，从本质上来看，也是我们现代社会中构建美好生活的一种骨骼；由这样的骨骼构建最佳的最美好的生活世界，从而让正义理论的形象丰满起来，就必须把良好公民和道德社会的构建提到首要位置。只有这样，在我们现代社会的发展过程中，有了良好公民的人的主体构建，正义的社会才可能得以实现，才可能最终实现"超越正义"。

第6章 "超越正义"与良善生活：赫勒"超越正义"理论的逻辑旨归

世上一切学问（知识）和艺术，其终极（目的）各有一善；政治学本来是一切学术中最重要的学术，其终极（目的）正是为大家所重视的美德，也就是人间的至善。政治学上的善就是"正义"，正义以公共利益为依归。❶

——［古希腊］亚里士多德：《政治学》

追求幸福"是人类作出努力和冒险去寻求、实验、发现和发明在世方式的主要动力"。

——鲍曼

恩格斯说："在每个人的意识或感觉中都存在着这样的原理，它们是颠扑不破的原则，是整个历史发展的结果，是无须加以论证的。这个原理就是'每个人都追求幸福'。"❷ 对于每个人来说，对于幸福的追寻，都是一生努力而梦想实现的人生价值目标。每个人都向往幸福、每个人都追求幸福，

---

❶ ［古希腊］亚里士多德：《政治学》（中译本），吴寿彭译，商务印书馆1965年版，第148页。

❷ 《马克思恩格斯全集》（第42卷），人民出版社1986年版，第373－374页。

都在追寻一种被我们称之为"幸福"的生活。幸福问题，其实就是正义问题。幸福问题的意义表现在赫勒"超越正义"的理论体系中，就是她的良善生活的概念阐述。赫勒关于良善生活可以实现"超越正义"的理论阐述，其行文脉络是基于她对于社会历史中正义概念的变迁的分析和阐释，继而分别论证了在现代性中伦理—政治正义出现的哲学分裂，经过一系列正义概念的论证和阐释，赫勒认为要强调培养善良、正直的人，最后提出良善生活构建"超越正义"的理论设想。在现当代社会特别是重视权、钱，享乐生活至上的生活世界，将个体道德品质的构建提高到特别的理想高度，有着独具一格的理论价值意义。

6.1 良善生活

对于伟大的思想家、哲学家马克思而言，其良善生活的定义就是实现共产主义社会。对于我们绝大多数人来说，所谓良善生活，就是我们理想中的幸福生活；所谓良善幸福的生活，简单来说，就是美好的人生、美满的家庭、一份好的工作，等等。而在赫勒这样具有哲学思辨的思想家的眼中，美好生活的定义是："哲学家对现在和未来下注"❶。因为哲学家更加关注生活和现实世界背后更深层的内容和实质，他们根据历史和客观实际来关注现实，从而批判现实，并以此希望改变和实现其理论构想。所以，从宏观的角度简单概括来说，赫勒和马克思一样，具有关怀现实和实现正义的伟大哲学家和思想家的理想和情怀。

---

❶ [匈] A. 赫勒：《超越正义》，文长春译，黑龙江大学出版社 2011 年版，第 243 页。

6.1.1　良善生活

对于良善生活，我们一般把它认为是一种"好的生活世界"或"正当的生活世界"。如果要使这种生活成为可能，理论上的可能仅仅是一种抽象的可能，除非我们仅仅是在讨论理论的德性生活，否则是不能不顾及"现实生活"的必然逻辑的，有些个别的"圣人之举"不能作为一种具有普遍意义的理论成立的根据。一般来说，在现实生活中去唤醒"良知"不难，但难的是如何保持它们。因为到现今为止，即使是伟大的哲学家和思想家也没有找到绝对有效的维持方法。

比如，西方马克思主义大哲学家哈贝马斯，在他看来，"生活世界"是使交往活动的概念完备化不可或缺的部分，是从行动过渡到社会理论的桥梁。"生活世界"这一概念，最初是德国现象学大师胡塞尔晚年提出的，哈贝马斯将其改造成他的社会学概念。哈贝马斯的突破点是，他不同于胡塞尔对"生活世界"的单纯现象学解释，而是认为"生活世界"由文化、社会和个人这样最根本的三个要素组成。他分析指出："我把文化称为知识储存，当交往参与者对于世界上的某种事物相互获得理解时，他们就按照知识储存加以解释。我把社会称为合法的秩序，交往参与者通过这些合法的秩序把他们的成员调节为社会集团，从而巩固联合。我把个性理解为一个主体在语言能力和行动能力方面具有的资质，就是说，使一个主体能够参与理解过程，并能论断自己的同一性。"[1] 将之与阿格妮丝·赫勒的理论进行分析和比较，我们可以看出，哈贝马斯"生活世界"的观点其实是相对复杂的概念。因为赫勒的良善生活的建构主体是"正直的人"，赫勒

---

[1] J. Habermas, *The Theory of Communication Action*, Vol. 2, Reprint edition, Boston, Beacon Press, 1985, p. 138.

的良善生活世界概念是理性、对象化的；而哈贝马斯其"生活世界"的概念是直观的、非对象化的。简言之，哈贝马斯的"生活世界"具有主观性和相对性特征，是主体互动性的共生概念，因而，哈贝马斯的"生活世界"，最终使交往行动者通过他们的行动在经验场域上促进社会演化，统一整合社会实践和理论，以此来实现"生活世界"的理性化。

马克思指出："彼岸世界的真理消逝以后，历史的任务就是确立此岸世界的真理。人的自我异化的神圣形象被揭穿以后，揭露非神圣形象中的自我异化，就成了历史服务的哲学的迫切任务。"❶ 因此，马克思分析认为：哲学作为一门社会科学，它所蕴含着的最关键的历史任务，在于对人们社会现实生活的世界进行改造和重构。所以，从这个意义上来说，马克思对于"生活世界"的思想，具体可以体现在马克思的社会生活世界的实践观上。

首先，在马克思看来，人本身就生活着，生活也在标识着人，二者之间不必通过"在""存在"去抽象显现。"全部人类历史的第一个前提无疑是有生命的个人的存在。因此，第一个需要确认的事实就是这些个人的肉体组织以及由此产生的个人对其他自然的关系。"❷ 所以，人类有进行再生产的需要。人类社会实践的历史，就是人们在"已经得到满足的第一个需要本身、满足需要的活动和已经获得的为满足需要有用的工具又引起新的需要"❸。因而，马克思论证了人们在社会生活中进行实践活动的必要性和重要性。

其次，马克思指出："人的本质不是单个人所固有的抽象物。在其现实性上，它是一切社会关系的总和。"❹ 他认为，人只有在现实历史过程中才

---

❶ 《马克思恩格斯全集》（第1卷），人民出版社1957年版，第453页。
❷ 《马克思恩格斯选集》（第1卷），人民出版社1995年版，第67页。
❸ 《马克思恩格斯选集》（第1卷），人民出版社1995年版，第79页。
❹ 《马克思恩格斯选集》（第1卷），人民出版社1995年版，第56页。

能发展。因为在马克思看来，只有以现实生活为切入点，因为人不是天外来客，"人创造环境，同样，环境也创造人。每一个个人和每一代所遇到的现成的东西：生产力、资金和社会交往形式的总和，是哲学家们想象为'实体'和'人的本质'的东西的现实基础，是他们神化了的并为之斗争的东西的现实基础，这种基础尽管遭到以'自我意识'和'唯一者'的身份出现的哲学家们的反抗，但它对人们的发展所起的作用和影响丝毫也不因此而受到干扰。"❶

最后，也是最重要的，马克思强调，现实生活世界是和人的能动性相互作用的，二者相互依存、相互制约。马克思认为，人的实践表现为人与自然的关系和人与社会的关系。二者之间既是一种既有条件，也是一种约束条件。正如马克思所说的："历史的每一阶段都遇到一定的物质结果，一定的生产力总和，人对自然以及个人之间历史地形成的关系，都遇到前一代传给后一代的大量生产力、资金和环境，尽管一方面这些生产力、资金和环境为新的一代所改变，但另一方面，它们也预先规定新的一代本身的生活条件，使它得到一定的发展和具有特殊的性质。"❷ 总之，马克思对人的强调，赫勒正义理论中"正直的人"与之有着相同点，只是存在不同的侧重点，马克思强调的是对人的主观能动性和受动性的相互作用，赫勒强调的是人在道德精神世界上的要求。

赫勒说："从我们的视角看，最好的道德世界或者最好的社会—政治的世界实际上是否可能则完全不相干，唯一重要的事情就是对这种世界的承诺内在于正当的人们的存在这种情况；即只要正当的人存在，这个承诺就存在。没有什么比一个正当的人更真实。"❸ 因而，与马克思的生活世界

---

❶ 《马克思恩格斯选集》（第1卷），人民出版社1995年版，第92—93页。
❷ 《马克思恩格斯选集》（第1卷），人民出版社1995年版，第92页。
❸ Agnes Heller, *A Philosophy of Morals*, Basil Blackwell Ltd., 1990, p. 221.

实践观点相比较，赫勒的正义思想的生活世界观缺失了马克思的实践观点，这一方面跟赫勒本人所处的时代际遇有关。赫勒经历了奥斯维辛集中营、古拉格群岛及苏联解体，这样的经历背景影响了她对社会和时代的看法。马克思所处的时代是资本主义发展的时期，工人阶级所处的生存境遇极其困顿，而资产阶级享受着剩余价值带来的巨大福利，因而马克思通过对贫苦大众的关注、对人性的关怀，揭示资产阶级对无产阶级的剥削和压榨，并以之揭示他们之间存在的社会矛盾，指出只有实现了人的全面发展才是最理想的社会生活世界，即共产主义社会。

那么，以上思想家关于生活世界的具体展开，在实质上意味着：一切还得从现实生活本身的逻辑出发，超凡的境界可能只是一种参照物。对于我们来说，好的生活或者正当的生活若没有适当的、直接的、当下的动力源头，只能陷入一厢情愿的"主观幻觉"之中。观念与精神不可能直接重整生活，它们最多对极个别的人改变生活有影响力；现实生活在基本面上只能随着工具、技术和规则的改善而逐渐完善。如果好的生活或者正当的生活可以现实地存在，那么它们不能仅仅是建立在心理学和精神现象学上，更是要建立在技术与规则的保障之上，因为后者更能够提供一种真实的、持续的动力。那么这就意味着，悬设一个外在的、物质的生活目标，一定意义上是必要的，因为作为人，一方面是生物的人、功利的人，他们需要在劳作中得到回报和承认，从而维持和建构一种稳定的、可以预期的生活需要和欲望；另一方面，人又是社会的人、有限的人，因此设计并建立一个必要的、合理的制度与规则，使人的自发与自觉的行动受到限制，从而不至于对他者形成侵害是必要的。如此一来，可以预见的最好结果是：在一定的制度与规则安排中，共在的、互动的人们彼此需要对方、成就对方。如此这般，赫勒所期望的良善生活、好的生活或者正当的生活才是可以展望的。

那么，这种好的生活产生的幸福感又是怎样的呢？我们先来看看享乐主义的观点，即最多地享受、最少地接受痛苦。这是斯蒂丝泼斯所倡导的理论，他挑战了当时崇尚的即时感官满足的学说。享乐主义经由伊壁鸠鲁表述为道德的享乐，也就是说，在遵循我们基本道德规范的前提下，人们尽可能地寻求享受。早期基督教的哲学家们严厉谴责了享乐主义，认为它违背了免遭罪恶的目的，但文艺复兴时期的哲学家，比如伊拉兹马斯以及托马斯·默瑞就认为，上帝的旨意就是想让人过得幸福，只要他们不是过分痴迷于追求"虚假的"幸福就可以。后来直至现代，在西方世界，享乐主义依然被人们所信奉，如罗杰斯提出的充分发挥个人潜能、马斯洛的自我实现的概念等。"努力去做你能够做到的"，这是至关重要的。因此，在某种意义上来说，人们对幸福和有意义生活的追求，以及赫勒的良善生活，都是在现代社会中人们对美好生活的无限展望。

6.1.2 良善生活的实质

"良善"就这个词的本义来看，是为别人做好事、照顾别人的需要。良善者乐于助人、富有同情心、体贴、慷慨。心理学对利他的研究确认了共情是支撑良善和利他行为的重要因素，也就是说，共情性情绪会激发利他动机，通俗地说就是，对别人的痛苦感同身受，就愿意牺牲自己帮助别人。在赫勒看来，具有这种品质的人，就是"良好公民"，就是有美德的公民。因而，赫勒认为，良善生活的本质，或者说好的生活或者正当的生活，其存在的动力在某种或者很大程度上需要伦理道德层面上的教化与认同来提供。

赫勒眼中的良善生活即好的生活或者正当的生活，在现代社会中从某种意义上来说就是一种幸福生活。幸福生活是我们大多数人的追求，我们很难实现富可敌国,也很难权倾朝野,但是我们却可以把良善生活、幸福、对好的生活的追求当成我们每一个人追求和为之奋斗的目标。

首先,对良善生活追求的实质就是人们选择成为自己的过程。知识决定态度,态度决定行为,行为决定习惯,习惯决定性格,性格决定命运。在现实社会中,人们都有追求美好生活的权利,都在追求自己的幸福。因为关系到自己的切身利益,个人的生活是否美好决定着每个人的幸福感。幸福包含着一种期待,幸福可能蕴含着某种当下的缺失或者稀缺,亚里士多德在《尼各马可伦理学》中云:"不同的人对于它有不同的看法,甚至同一个人在不同时间也把它说成不同的东西:在生病时说成是健康;在穷困时说它是财富;在感到了自己的无知时,又对那些提出他无法理解的宏论的人无比崇拜。"❶ 所以,我们给幸福下一个非常准确的定义存在一定的难度,选择成为自己的前提是:你知道你自己的存在,然后愿意成为自己,且能够成为自己。学者傅佩荣作了更为精练的总结:人有三种绝望:不知道有自我、不愿意有自我和不能够有自我。这三种对自我的否定性陈述是逐次升级的绝望程度,其中最绝望的是不能成为自我。因此,正如有学者说:"今天世界最大的危机就是人类的命运和人的幸福危机。"❷

其次,对良善生活追求的实质就是人们回归德性之福的传统。我们回溯一下人类追求幸福的源头——古希腊。在西方历史上,位列古希腊"七贤"之一的梭伦最早对"什么是幸福"有比较系统的思考。在梭伦的理解中,幸福不是一种感觉,也不是一种主观状态,幸福是命运,人不可能靠自己造就自己的幸福。❸ 苏格拉底认为:"在幸福历史上的地位,同他在哲学上的地位一样,是一个关键人物……在幸福方面兼具创新与创始之功而

---

❶ [古希腊] 亚里士多德:《尼各马可伦理学》,廖申白译注,商务印书馆2003年版,第9页。
❷ 赵汀阳:《论可能生活》(第2版),中国人民大学出版社2010年版,第6页。
❸ [美] 达林·麦马翁:《幸福的历史》,施忠连、徐志跃译,上海三联书店2011年版,第18页。

引人注目。"❶ 苏格拉底的观点颠覆了先前所有关于幸福的概念：幸福不等于享受作乐，幸福不是享乐主义。这一点柏拉图与苏格拉底的观点是一致的，柏拉图在《会饮篇》中提出：幸福存在于充满智性的思考与谈话中，纸醉金迷不是幸福。亚里士多德对人类历史影响巨大，他系统论述了什么是幸福，他认为幸福是最高的善❷，在他的理论系统里，幸福是这样界定的："我们所说的自足是指一事物自身使得生活值得欲求且无所缺乏，我们认为幸福就是这样的事物。不仅如此，我们还认为幸福是所有善事物中最值得欲求的、不可与其他善事物并列的东西。……所以，幸福是完善的和自足的，是所有活动的目的。"❸ 因而，我们可以说，亚里士多德赋予了幸福至高无上的被追求的合法地位，他认为幸福是最值得追求的"最高的善"，是要通过个人努力来实现的，因为德性本身不是不证自明的，需要通过行动来体现这种内在的德性。因此，人类社会的历史就是人们对善的追求的历史，因此，在这里我们可以用智者学派德谟克利特的话做个总结："善是人们追求的目标，在具体行为善之上还有一个'至善'，至善所追求的是人的本性的需要，是现实生活的幸福。"❹

6.1.3 良善生活与日常生活的差异

在赫勒眼里，良善生活与日常生活有着本质的区别，良善生活的本质是以正直的好人来实现"超越正义"的。也就是说，她的正义的目标是以实现良善生活为前提的。

首先，她认为，良善生活的世界应该是温暖和温馨的，人们是正直和

---

❶ ［美］达林·麦马翁:《幸福的历史》，施忠连、徐志跃译，上海三联书店2011年版，第31页。
❷ ［古希腊］亚里士多德:《尼各马可伦理学》，廖申白译注，商务印书馆2003年版，第9-11页。
❸ ［古希腊］亚里士多德:《尼各马可伦理学》，廖申白译注，商务印书馆2003年版，第19页。
❹ 倪愫襄:《善恶论》，武汉大学出版社2001年版，第11页。

善良的，他们一起构建最佳的生活世界环境，正直的人们在日常生活的道德实践中能够不断磨炼自己，以保障自己对规则和规范应用的能力和抉择。正直的美德也是在道德实践生活中培育出来的，他们积极主动地做正直的有道德的人，遵守社会政治正义和伦理正义的内在要求，当出现或者遇到不正义的情况，正直的人坚守自己的正义和做正义的事情。其次，在她看来，良善生活的人的自我构建体现了人的创造性，原因在于它没有了道德规范对个体的人的束缚力，正直的人是自觉和自愿地做有道德的事情的，社会政治的规则和规范培养了人们对美德的遵守和践行，而且这些正义的程序已经进入人们的社会伦理正义的范畴之中，人们在社会中虽然还是在遵守规则和规范，但是自由地选择自己的生活方式。人们可以按照自己的意愿塑造自己的个人发展路径和生活方式，培养自己的才能，过上自己理想中的美好生活。因此，从这个层面上来说，在现代社会中，人们在真正意义上实现了每一个人对个体的自由与生命的最高价值的追求，个体有自己的权利为自己作出自由的选择，因而自我的构建具有绝对的自主性，具有了超越时代性的意义，因而实现了良善生活。最后，赫勒构建的良善生活世界是和谐美好的，人与人之间交往密切。人们对规则和规范的遵守不仅有着社会伦理正义的保障，同时还有着人们在社会交往中的情感交流的密切联系。这是良善生活超越传统正义观的主要标志。她认为，现代性社会下要提高人们道德生活世界中对非理性情感的关注和强调，因为她的观点是应该将正义的理论范畴从政治哲学延伸到伦理学范畴，从而促进社会伦理正义和政治正义的发展。在她看来，只有在以上三个层面上成为现实，才可以说是实现了良善生活。

而关于日常生活，一般来说，纷繁复杂的日常生活世界，我们可以简单划分为三个基本层次，分别为：第一，日常消费活动，这是人们的衣、食、住、行等保障个体生命生存的最基本的层面；第二，日常交往活动，即人们之间的社会交往；第三，日常观念活动，这是一种非创造性的思维活动。赫勒在《现代性能够幸存吗?》一书中指出："在过去2500年的哲学传统中，日常生活本身很少引起注意。然而，在20世纪它已经进入了值得哲学和社会学检审的问题行列。这个问题能够在各种范式中加以谈论，其中每一种范式中都能够产生它自己的词汇……"❶ 因而，她对日常生活这一概念给出了定义：如果个体要再生产出社会，他们就必须再生产出作为个体的自身。我们可以把"日常生活"界定为那些同时使社会再生产成为可能的个体再生产要素的集合。可以说，赫勒给出的这个定义是比较抽象和一般的定义。在她看来，如果人类社会中没有人类个体进行的社会再生产，那么就没有人类社会的存在，因而也就没有人，即单独的、个体的人的存在。

所以，我们可以认为，赫勒的观点是：每一个社会中人们都无法离开最根本的日常生活。无论每一个人在社会劳动中分工如何，以及所占据的地位如何，都有其自身的日常生活。这里，我们应该看到，我们在个体再生产和社会再生产之间划分的界限并不是绝对的，而是相对的，并且从历史发展的角度看，在不同的时代，二者的关系也不尽相同，比如在远古时代，尚未形成明确的自觉的社会关系，氏族和部落等社会组织实际上不过是家庭关系的放大而已。而在现代社会，个体再生产与社会再生产的分化越发明显，比如，一个人在社会分工中从事的职业活动既可以是有组织的社会活动或精神活动的一个环节，也可以是他（她）个人的谋生方式，还可以是二者的性质皆有。因此，我们不应该固守个体再生产与社会再生产之间的僵硬划分，而应该从多维度多视角的层面意义上来理解日常生活的概念范畴。赫勒是根据个体再生产和社会再生产相区分的角度来理解日常生活的概念的，因而，赫勒关于对良善生活和日常生活的概念的定义，存

---

❶ ［匈］A. 赫勒：《现代性能够幸存吗?》，王秀敏译，黑龙江大学出版社2012年版，第42页。

在着以上本质意义上的不同理论差别。

6.2　良善生活与"超越正义"

赫勒认为,在现代社会中,正义概念的含义已经发生变化,现代性的正义概念已经失去了古代社会正义统摄社会政治生活、道德生活的作用和地位,而只有建构一种能够为所有人共同接受的良善生活,才可以真正地实现和解决正义与道德相分离的现状问题。正义的最终目标是良善生活,因而就是实现"超越正义"。

6.2.1　"超越正义":良善生活的动力

万事万物运行不息,它们源于某种基本的动力系统。没有现实的、真实的动力学根据,一切都将瓦解、耗散而不复存在,尤其是对于人及由其构成的社会而言,如果没有持续的动力及适度的自我节制与平衡作用,人及社会将遭受内外因素不可逆转的干扰而失衡、失控,直至崩溃和毁灭。作为事物存在的必要的动力学根据,按照不同类型可以分为由目的而引发的自觉运动和自由运动,由形式而引发的自然的、机械的运动,以及由基本生存需要推动的自发运动。

具体到现实生活中,我们可以先设想一种生存状态,在这里,人们往往由基本的生存欲望所牵引和推动,维持着一种简单的、可重复的生活;然后,随着交往范围的扩大和剩余物品的出现,产生了"需要引起需要""欲望引起欲望"的复杂化动力效应,人们开始主动地、自觉地追求与他们切身相关的功利性事物。但是,如果任由欲望泛滥,这种外向型的动力系统将因为不断地自我强化而失去控制，必然会使人们的行为失去分寸和节制，忽略理解生活所需的精神活动的必要性，最终偏离追求美好生活、良善生活所需要的自足与自得。可是，这种状态反过来使人们仍然会面临困境。如果让现实生活中的人们仅仅在静态的伦理秩序中，或者在超越性的道德实践中寻找和体会一种好生活或正当的生活，他们就会要么停留在心理与精神层面，要么无法持续下去。进一步而言，这些没有现实性动力源头的理论与世界，对于那些还在为争取基本的物质生存条件而挣扎的人们来说，尤其是对那些生活在陌生人中间的人、生活在彼此竞争的人中间的人来说，即使他们被暂时说服和感化而产生出高尚的需要，从结果上看也不会产生多大的行动效率，因为这些与他们的基本生存逻辑相违背。

因而，想要获得赫勒构想的良善生活，不能仅仅依靠道德伦理理论的辨析和指导，首要的问题是如何获得实施它们的真实的动力问题，即"超越正义"的引领。否则，指望那种绝对命令式的价值教化和价值警示就使人们积极地、勇敢地过上赫勒的"良善生活"，在现实实践中是不太现实的，结果必定会落入不适宜和不可能之中。要使一种好生活或者良善生活成为可能，理论上的可能还仅仅是一种抽象的可能，除非我们讨论的仅仅是理论上的德性生活。这意味着，一切还得从现实生活本身的逻辑出发，超越的精神境界永远只是一种间接作用和间接参照。良善生活或好生活如果没有适当的、直接的、当下的动力源头，只能陷入一厢情愿的主观幻觉之中。观念与精神不可能直接和当下重整生活，它们至多对极个别的人改变生活有效；现实生活在基本面上只能随着工具、技术和规则的改善而逐渐完善。现实生活中的动力往往是自发的，但自发并不一定全部合理，它经常表现为盲目和无限制；它必须由自发达到自觉，再由自觉进入自由。现在，我们正处于自觉地调适和节制它的自发性阶段。此时，良善生活或好生活如果能够现实地存在，它们不能只是把自己建立在道德心理学与精神现象学上，而要建立在"超越正义"理论的奠基以及技术与规则的保障之上，因为只有这样才可能提供一种真实的、持续的动力。这意味着，悬设一个外在的、物质的良善生活的目标，一定意义上是必要的，因为人一方面是生物的人、功利的人，他们需要在劳作中获得回报和承认，从而维持和建构一种稳定的、可以预期的生活需要和欲望；另一方面，人是社会的人、有限的人，因而设计并建立一个"超越正义"理论的终极目标以及必要的、合理的制度与规则，这样使人的自由和生命的价值在"超越正义"的理论中得到实现的同时，也使人的自发与自觉的行动在社会的规则和规范内受到限制，从而不至于对他者形成侵害。如此一来，可以预见的最好结果是：在一定制度与规则安排中，共在的、互动的人们彼此需要对方、成就对方。于此，赫勒的最佳的道德社会生活世界得到了实现，因而她的良善生活才可能是现实的、可以展望的。

6.2.2 正直的人：良善生活的主体

赫勒在《超越正义》一书中认为：善良超越正义。因为，在她看来，"正义总是有一个道德的成分，一个人的善良包括正义的美德及其这个美德的践行。"[1] 因而，从这个层面上来说，赫勒关于良善生活的主体就是——正直的人。她阐述道，"正直的人"是一个关键的概念，她指出：讨论这个概念必须转向道德哲学最普遍的问题。在她看来，道德是一个内化了的人际关系。我们知道，被我们称为"道德"的这种东西在人类生活中无处不在，尽管包括赫勒在内的哲学家们对"什么是道德"这个问题并没有给出一致的回答，但他们都同意道德构成了人类生活的一个本质特征。比如赫勒在她的《后现代政治状况》一书中就指出："哲学家们总是对人

---

[1] [匈] A. 赫勒：《超越正义》，文长春译，黑龙江大学出版社2011年版，第332页。

性的本质、道德的起源以及美德和恶习的起源持不同的意见。结果，他们趋向于不同意它们的道德劝告。但是相反，当开始表述世界的道德状况时，他们的意见是完全一致的。"❶ 我们也认识到，在我们追求和实现自己的理想生活时，我们并不是凭借自我就能获得所期望的理想生活的，因此，我们需要别人的帮助，需要实施社会合作。甚至有些人可能会认为，要是没有道德约束，他们反而会生活得更好。但道德是人类生活中的一个不可或缺的本质特征。我们会反思：我们为什么要是道德的？或者说：我们为什么要是正直的？因此，正如赫勒所指出的，这个问题不是道德哲学中唯一的问题，甚至可能也不是最重要的问题，但它是引入道德哲学的一个恰当起点。由此，我们可以知道，正直对于我们的生活社会世界是至关重要的，道德是社会中的一个规则和要求，即使我们不喜欢或者认为不需要，但它是一个道德的起点。

正如赫勒是从思辨的角度，提出"超越正义"这一理论的超越性。在她看来，如果要实现"超越正义"，那么正直的人作为实现良善生活的主体是不可超越的。也就是说，正直的人是实现其"超越正义"的前提和必要条件。赫勒"超越正义"的理论，是以构建正直的人为主体，因为一个美好幸福的社会生活世界中，人必然是最主要的因素，因为不论社会如何发展和变迁，总是不同时代和社会发展中的人在推进和改变着人类的历史。在我们看来，赫勒强调人的主体作用是毫无疑问的，但赫勒对人的道德精神哲学上的至善要求，没有同时强调社会体制的建设也是至关重要的，因而，在这个意义上来说，赫勒的至善理论受到了康德的理论影响比较浓郁，她将人的道德因素与道德律进行了紧密的理论关联。在她的《现代性理论》一书中，她指出："亚里士多德说，道德上的好人和高尚的人是幸福

---

❶ [匈] A. 赫勒：《后现代政治状况》，王海洋译，黑龙江大学出版社2011年版，第52页。

的人。"❶ 的确,在赫勒看来,最幸福的人当然是自由人或者良好公民,因为他是最完美的,他能够实现"人的目的",即道德上的好人和高尚的人。

可以说,在现有社会制度的状况中,赫勒寄希望于正直的人,用他们的正直和善良积极去抵抗恶,但由于现代社会资源的有限和人的欲望的无限之间的矛盾,成为正直的好人不仅需要内在的条件和优秀品格,还受到各种外在的条件以及社会规则、程序、制度等的制约。因而,赫勒"超越正义"这一理论的超时空性,使得其理论意义上的"正直的人"作为良善生活的载体,在当前生产力发展的条件下难以实现,也难以逃脱其乌托邦的归宿。

6.2.3 超越正义的制度:良善生活的保证

赫勒认为:"良善生活是超越正义的。"❷ 她坚信:良善的好人与良好社会制度的构建有着至关重要和密切的联系。赫勒希望在现实和理想之间,搭建一个桥梁,这个桥梁就是正直的人。她寄希望于正直的好人来实现社会制度的完善和纠正。赫勒的这一理论构建,离不开她对现实的展望,这种展望背后的深层原因在于她二战期间所经受的磨难和人生的种种挫折。二战期间,在法西斯的疯狂暴行下,当时的社会制度已经完全失控,人们生命和安全得不到任何的保障,因此,赫勒寄希望于有道德的良善好人能够在制度失控的情况下扭转局面,社会需要正直善良的、像她父亲一样的人,来帮助那些受苦受难的人们,希望他们这些正直的人用积极的善去消灭像阿道夫·艾希曼那样的恶人。那么,关于正义的实现需要社会制度的根本保障,我们不妨来看一下罗尔斯的作为公平的正义论的研究,他在其

---

❶ [匈] A. 赫勒:《现代性理论》,李瑞华译,商务印书馆 2005 年版,第 307 页。
❷ [匈] A. 赫勒:《超越正义》,文长春译,黑龙江大学出版社 2011 年版,第 334 页。

最著名的《正义论》(Theory of Justice) 中探究的是，对社会基本制度如何公平地分配权利义务、利益和负担，因此，罗尔斯认为："一种对于基本结构的正义观是值得为自身的缘故而拥有的。"❶ "正义是社会制度的首要德性。"❷ 所以，必须要求正义的社会制度，"它们提供了一种在社会的基本制度中分配权利和义务的办法，确立了社会合作的利益和负担的适当分配"❸。所以，我们可以说，正义最重要的就是为了实现和保障人们的权利。所以，从这个意义上来说，赫勒"超越正义"理论的实现需要与罗尔斯的正义论相同的理论诉求，正义的实现需要社会制度的保障。这是因为当社会出现一系列问题的时候，如果人们仅寄希望于人的道德来拯救局面，这样的展望没有现实意义，反而可能会导致一个时代的人的整体道德因为其他各种利益关系而发生沦陷的状况。

正如亚里士多德所指出的："选择是实践的始因（选择是它的有效的而不是最后的原因），选择自欲求和指向某种目的的逻各斯开始。所以，离开理智和某种品质也就无所谓选择。（因为离开了理智和品质，好的实践及其相反者就不存在。）"❹ 将正义作为人们在社会共同体中进行社会和生活实践的德性之一，它不仅仅体现了生活在社会中的人的个体在现实社会实践中应该遵循的价值维度，也是社会制度之所以存在的最根本的和最深层的价值依据。正义的制度是对正义的价值观的制度化实践，而这种制度化实践与公民的德性存在着某种直接对应的关系。正义的价值应该是在社会中的人们所共同追求的价值，它是人们在社会中分配权利和义务的基础。

---

❶ ［美］约翰·罗尔斯：《正义论》，何怀宏、何包刚、廖申白译，中国社会科学出版社 2009 年版，第 8 页。
❷ ［美］约翰·罗尔斯：《正义论》，何怀宏、何包刚、廖申白译，中国社会科学出版社 2009 年版，第 1 页。
❸ ［美］约翰·罗尔斯：《正义论》，何怀宏、何包刚、廖申白译，中国社会科学出版社 2009 年版，第 4 页。
❹ ［古希腊］亚里士多德：《尼各马可伦理学》，廖申白译，商务印书馆 2003 年版，第 168 页。

正义的制度保障需要建立在全社会的人们关于权利和义务的正义的价值观的基础上。因此，在赫勒看来，具有美德的良善的好人才可能在遵守规则和规范的前提下，在社会生活世界中形成这种契约社会共同体。因而，这种社会生活实践是一种具有德性要求的活动，要求社会中的人们对其行为和道德作出善的选择，其重点在于"践行"美德。这可以理解为良善的好人的具有德性的社会生活实践，这种实践是自发内在的、不以外物为目的的，他们能够自觉地、自发地遵守社会的责任与义务，他们具有仁慈、良善的美好道德品质，各个社会成员之间保持和谐美好的相互联系。我们知道，赫勒所期望构建的这种良善社会以及良善好人之间的相互联系需要社会正义制度所保障。赫勒超越时空地提出了"超越正义"，良善社会当中的人是构建社会的主体构成，无论哪个时代何种社会，都离不开人的生存和发展。同时，一个美好的社会，也需要一个良好的社会体制来进行保障。人与社会的关系密不可分，人都是具有一定社会性的，她展望的良善生活和最佳生活世界，需要有社会制度的保障才可以维系和存在，因此必然离不开一系列的规范和规则。

6.2.4 人的自由和全面发展：良善生活的目标

"发展"概念最初来自生物学，是指具有生命象征的生物，其有机体的不断、持续发展变化的过程。"在亚里士多德看来，发展是一个实现内在潜能的过程"，那么，"什么是发展呢？有机体渐次向生物成熟的阶段演化就是发展……简短地说，发展指的是一个实现本体的过程，由潜能而至行动"[1]。这里的发展主要指通过教育来促进人的才能得到全面的发展。赫勒在《超越正义》一书中论及良善生活中关于人的三个要素：正直的人、自

---

[1] ［英］汤林森：《文化帝国主义》，冯建三译，上海人民出版社1999年版，第292页。

我才能的构建以及个人情感的联系程度。我们从宏观、整体的角度来看，赫勒构建的良善生活的三个关于人的要素，其实指的就是关于人的自由和全面的发展。在她看来，构建良善生活，不仅需要正直的好人，而且需要让人的潜能和才能得到发展，同时增加社会的和谐度，即个人联系的情感强度。因为她认为，她的理论中关于人的自由和全面的发展不仅包括具有良好美德的公民个人，同时她还认为每一个良善的好人都应该是幸福的个人，是应该得到全面发展的个人，他们的才能和潜能得到发挥和发掘，每一个人都实现了自由和生命价值的追求，这样的最佳生活政治世界是和谐与美好的。

赫勒的对于人的个体发展的、哲学家式的、人文主义的关怀，让我们不免想起马克思这位伟大的思想家，重视人的自由和全面的发展，是马克思始终坚持的人文主义情怀。这在他的《德意志意识形态》《共产党宣言》《1857—1858年经济学手稿》《资本论》等文本中都有明确体现。人的发展的理论是马克思最关注的核心问题，任何时代和社会离开了人，都无从谈起，因此，我们必须重视人的发展。"人的发展实际上就是人的本质的东西的发展，或人的本质力量的发展。"[1] 人的发展"表现于升华个体人性、发挥生命潜能、实现个性价值上"[2]。在马克思那里，人的自由和发展，具体来说，就是我们可以自由地根据个人的意愿、兴趣和社会需求相对自由地发展自己，没有任何强制或否定的限制，因而关注方式和形式。人的全面和自由发展，是指社会中的每一个人在各个方面所能实现的全面的或最大的发展。"在马克思那里，个人的和谐发展既与全面发展不同，也与自由发展不同，是指个人各方面关系的最佳状态，即在社会和个人的发展中，个人的各方面都能得到卓有成效和协调一致的表现。从这个意义上说，它主

---

[1] 袁贵仁：《对人的哲学理解》，河南人民出版社1994年版，第562页。
[2] 高海清等：《人的"类生命"与"类哲学"》，吉林人民出版社1998年版，第337页。

要侧重于状态和关系。"❶

  我们将赫勒关于人的发展的思路与马克思的关于人的自由发展的思想相比较，可以看出，赫勒构建良善生活的几个要素，即正直的好人、关于人的天赋和才能的发展，以及个人情感联系问题，它们尽管是人的发展中不可缺少的因素，然而赫勒关于构建良善生活的论述，展现给我们的只是关于人的发展的、在自由和生命价值上的某种体现。我们认为，从某种意义上来看，赫勒对于人的发展的构建，呈现一种片面性、碎片化的特点。她论述的良善生活的要素对于人的发展的构建，的确为使人实现从天赋到才能的转变提供了一种可能，但值得注意的是，她深受康德至善思想和道德律的影响，认为人们在社会中发展和谐互助的社会人际关系时要服从爱和他律的力量。因而，从某种意义上说来，赫勒关于人的发展的思想与马克思的实现人的自由和全面的发展之间，具有一定的差异性。

  因此，我们只有在马克思的辩证唯物主义和历史唯物主义的视域下，不断解放和发展生产力，为实现人的全面和自由发展提供保障。在我们看来，赫勒关于良善生活的构建，如果脱离了这些社会根本基础条件的保障和支撑，在某种层面上看来，同样也只是一种理想化的乌托邦设想，因为对于良善生活的构建不能只停留在思辨层面上，而应该回归到不同时代背景和社会状态下的现实生活中去。马克思主义认为，所谓的"超越正义"就是应该从最根本的经济层面着手，消灭异化和阶级差别，解放无产阶级，消灭所有剥削制度，最终实现全世界人民的正义，从而实现真正意义上的"超越正义"。但是，赫勒的人文主义关怀和对正义理论的独特思考视野，值得我们在不同的时代和境遇下进一步思考和研究。

---

❶ 韩庆祥：《马克思人学思想研究》，河南人民出版社1996年版，第243页。

本章小结

赫勒论述的良善生活与日常生活在本质上存在差别。赫勒认为，日常生活存在于每一个社会中，无论人们在社会劳动中分工如何，以及所占据的地位如何，都有自己的日常生活。而"良善"的本义是为别人做好事、照顾别人的需要。人们乐于助人、富有同情心、体贴、慷慨，在赫勒看来，具有这些品质的正直的好人，就是有美德的公民。因而，赫勒认为，良善生活的本质，或者说好的生活，或者正当的生活，其存在的动力在很大程度上需要伦理道德层面上的教化与认同来提供。良善生活的实现需要正直的人作为主体，需要"超越正义"作为动力，需要"超越正义"的制度作为保障，才可以最终实现良善生活的目标，即人的生命和自由的价值体系，从而实现人的自由和全面的发展。

本草小考

第7章 赫勒"超越正义"理论的评析

有两种东西，人们愈是经常、愈是反复加以思考，就愈是能感受到它们给人心所灌注的时时翻新、有加无已的赞叹和敬畏：头上的星空和内心的道德法则。❶

——［德］康德

人类社会历史的发展，是一个永无止境的过程。在这个过程中，"平等仅仅存在于同不平等的对立中，正义仅仅存在于非正义的对立中，因此，它们还摆脱了不同以往旧历史的对立，就是说摆脱不了旧社会本身"❷。赫勒的"超越正义"理论，不同于传统的现代的正义概念，她认为"超越意味着对传统的批判，在正义之外有更为基本的价值基础，最后落脚于好的生活"。❸

---

❶ ［德］康德：《实践理性批判》，韩水法译，商务印书馆1999年版，第164页。
❷ 《马克思恩格斯全集》（第20卷），人民出版社1971年版，第670页。
❸ 赵司空：《后马克思主义与后现代的乌托邦——阿格尼斯·赫勒的后期思想述评》，上海社会科学院出版社2013年版，第125页。

7.1　赫勒"超越正义"理论的学术价值

赫勒的"超越正义"理论是以其独特的视野阐释了关于正义的观点，因为时代和境遇不同，她的思想具有独特的个性和时代特征。本书立足于我们过去传统的正义观点、马克思主义的正义思想、苏联东欧社会正义理论实践的总结、西方正义理论实践的讨论等方面，对赫勒"超越正义"理论的得失加以总结和审视，以期能够对这一理论有一个客观而全面的认识和评价，取其精华、弃其糟粕，为我们当前提升中国社会的道德水平，建设我们的美好家园，提供值得借鉴和参考的理论依据和现实价值。

7.1.1　对正义理论问题域研究的拓展

传统在一定意义上并不属于其本身。传统在没有人的现代和未来中，都没有存在的意义。因此，传统的存在，它将不可避免地为每一个不同时代，打开不同意义的大门，同时，对于每个时代而言，人们都将不可避免地以不同的方式来重新理解和继续传统。所以，我们这里讨论的是对过去的、传统的正义理论研究的新拓展。正如"哲学是自己时代精神的精华"[1]。对于人类社会而言，不同时代的正义主题，也总是与相应的时代相呼应的。时代这一概念，不同于公元纪年，时代是由不同地域、不同民族、不同社会中的人们对于自己所处的时代发展阶段社会的体认，随着时代的变迁，人们的时代观念也会相应发生变化。同样地，在不同的时代，其正义理论也会发生不同的变化。毋庸讳言，现代性给人类带来的并非都是福

---

[1]《马克思恩格斯全集》（第1卷），人民出版社1956年版，第121页。

音，也有不幸如世界战争、对犹太人的屠杀、环境污染、生态危机、种族战争等，人类生活也曾被罩上厚重的阴霾。面对这些负面效应，对现代性的批判和审视启发了赫勒这样的哲学家思考正义理论的起点。古希腊和古罗马是西方哲学和科学的摇篮，西方哲学的正义思想也正发源于此，正如伟大的思想家恩格斯所指出的："在希腊哲学的多种多样的形式中，差不多可以找到以后各种观点的胚胎、萌芽。"❶

哲学既是最高的智慧，哲学又是安身立命之学。哲学中的正义问题，更是关系我们的生存和解决社会问题的根本意义之所在，因为追寻正义，就是我们对生活的追问、对生命意义的价值追问。我们知道，过去的传统正义观是对柏拉图尤其是亚里士多德正义观的延续，随着现代性的发生，出现了如罗尔斯这样的正义思想家对正义理论的不同阐释，也引起了西方社会对正义理论的思考和热议。纵观古今中外的形形色色、多种多样的正义理论和定义，它们无非是传统的一些问题，如"何为正义？""如何享有正义？""如何实现和保障正义"等，随着现代民主和政治的社会发展，人们对正义和权利意识的享有及问题意识正在极大程度地觉醒和增强，因而，人们对正义的诉求与日俱增。

而赫勒关于正义的思考，却是标新立异、与众不同的理论研究。她不仅指出了传统正义的问题所在，而且指出：随着现代性的发生，人们的道德出现沦陷，为了实现正义和最佳的社会政治生活世界，需要重新找回道德哲学的重建，现代社会的发展和解决现代性危机需要有善良和正直的人，因为善良可以"超越正义"，追寻正义的目的就是"超越正义"。赫勒对传统正义思想的拓展，是从客观现实时代背景条件下进行的，她分析指出：以前的传统社会中，随时代产生的正义是恒定不变的，因而称为"静态正义"，而随时代的变迁和社会的发展，到了我们的现阶段的社会，正义也不

---

❶ 恩格斯：《自然辩证法》，人民出版社1971年版，第30页。

再跟以前相同，已经成为一种"动态正义"，在她看来，现在的世界中正义已经是发展变化了的。她对正义的理解和研究是立足于全球化视域下的。她构建每一层阶的问题域时，是环环相扣、逻辑紧密的，而且她对概念的阐释，也是非常具有独创性的。例如：她用"静态正义"解释传统社会正义，用"动态正义"解释现代和后现代社会正义；她用"完备正义"来表达传统社会的正义理论根基，用"不完备正义""不完备伦理—政治正义"来描述多元生活方式和多元文化的社会—政治的内容和伦理的内容；她用"黄金规则"解释静态正义中的行为规则；她用"惩罚正义"拓展了她对美好社会乌托邦的设想，同时，她也明确地指出她所构想的乌托邦是可以经过人们在社会共同体中的共同努力而最终得以实现的。赫勒关于乌托邦的理想性，在某种意义上其现实性意义依然为我们所向往。她这样说道："恣意妄为的国家、无法无天的国家、正义无存的国家、邪恶盛行的国家——这些都是所有正义理论必须予以应对的无法抵抗的现实。"[1] 她的这些概念规范都能非常清晰地为我们揭示其所对应的问题和意义。赫勒的这些理论、概念及范畴，无论是对当代社会的正义理论，还是对道德哲学的发展，抑或对社会的正义实践，都具有一定的批判力和说服力。

7.1.2　与康德、罗尔斯正义理论的比较与超越

在前文，我们是从西方正义理论的历史溯源中来考察赫勒"超越正义"理论的。正义理论从古代传统社会发展到近现代社会，尤其到了近现代社会，社会文明已经发展到了更加开放、自由、民主、平等的阶段，关于正义问题的研究更是成为近现代政治哲学家百家争鸣的话题，赫勒就是其中一位。比如，为民主奠基的康德的政治哲学理论、自由主义代表人物

---

[1]　[匈] A. 赫勒：《超越正义》，文长春译，黑龙江大学出版社2011年版，第190页。

罗尔斯的正义理论、来自第三势力的代表人物哈贝马斯的正义理论等，都为赫勒构建"超越正义"理论提供了可以依循的理论依据，下面将按照时间的顺序，在西方正义理论比较视野中，将赫勒与这几位哲学家的正义思想加以分析和思考。

第一，赫勒正义理论与康德正义理论的比较研究。在近现代西方哲学发展史上，康德哲学理论犹如大江上的水利枢纽，聚纳了上游百川，又导出了下游各派支流。他关心现实并热衷于讨论道德、社会、法权问题。马克思说"康德的哲学是法国大革命的德国理论"，点出了康德哲学的历史意义。作为德国古典哲学的创始人和奠基者，康德对之后哲学家的哲学思想产生了极大的影响。赫勒也是在回归古代传统社会哲学的基础上，并受到康德"至善"、善良意志伦理思想的影响，认为德性是受到人的意志影响的一种道德力量，并具有道德自主性，并在此基础上探讨了德性对于构建良善生活实现"超越正义"的重要作用。

关于康德的"至善"思想。赫勒论证"伦理政治的正义概念"时，就是基于康德的伦理学主张开始的，赫勒指出："康德的意图是挽救作为道德意图之目的的'至善'概念，以使之不陷入每一种伦理政治的正义概念所蕴含的他律谬论。"[1]赫勒明确指出，根据她的理论分析及研究，康德其实并没有展开和深入对人的正直、诚信与（社会和政治）至善之间的相互作用，仅仅构建了一种简单问题方案：至善是由道德法则设定的；反之亦然。在她看来，道德属性都取决于这种行为规律：人们的意愿基本取决于道德，包括自由和理性。康德认为人是理性的，他的观点是，世界分为自然界和道德世界两个不同的类别，在道德世界中，理性可以为行为提供行为规则，因此每个人的行为都不能完全顺从个人的欲望。所以，康德认为，拥有自然能力后，人们需要理性的能力随时考虑自己的福和难。这种对善

---

[1] ［匈］A.赫勒：《超越正义》，文长春译，黑龙江大学出版社2011年版，第105页。

恶的理性评价依据何来?！康德认为，这是"善意"，即善良意志。康德将意志分为两个层次：感知经验影响的一般理性、纯粹理性或行为动机，后者即善意，不受感性经验影响的意志。康德认为，只有纯粹理性这种意志是无条件的，并具固有的无条件价值。无论效果如何，基于善意的行为都是道德的。在赫勒看来，对于解决在道德和政治中统一伦理、政治正义的概念的问题，这是一个完美的哲学解决方案。康德将人分为现象人和实体人。"现象人"可能更倾向实施不公正而不是忍受不公正，因为他们是由利益驱动的。"实体人"不能实行不公正，否则这会使他们的伦理感受到折磨，他们的内心会感到痛苦，会使他们内心的道德律相互矛盾，因此康德认为只有正直诚实的人才能幸福。康德所构建的最好的道德世界，其中正直的人是绝对的道德、纯粹的理性和绝对的自由，即康德设定的"至善"。

因而，赫勒指出："只有康德对于'正直何以实现'这个问题提供了决定性的答案。"[1] 赫勒在构建良善生活中的"正直的人"，就是借鉴了康德的观点。由此，我们可以看出，赫勒对康德的"道德至善"的思想是肯定的，她的最佳的理想道德世界就是受到了康德的至善思想的启发。

以上是赫勒对康德哲学思想的引用和评析，可以看作赫勒对康德"至善"、善良思想的肯定，但同时，赫勒也明确地指出了康德伦理学思想存在的问题和不足之处。

首先，当赫勒在《超越正义》的"伦理政治中的正义概念"中谈到"灵魂之城"时，赫勒说，从康德的观点来看，具有责任感的人是不应该认可"谎言，贪婪和虚伪（奴役）"的滥用，他将美德视为人的内心正直。康德"道德"的形式主义历来受到指责。在她看来，康德的"不矛盾"标准多余且缺少理论基础的支撑。在我们看来，道德和幸福的统一问题是一

---

[1] [匈] A. 赫勒：《超越正义》，文长春译，黑龙江大学出版社2011年版，第104页。

个非常空洞的问题，但康德把两者放在一个理论前提之下——"灵魂不死"。现实生活中的人是理性和感性兼具的，但是按照康德的理论，人们必须不断努力让这些感性因素不会干扰人类的理性意志。首先可以排除普通人是否能做到这一点，即使人们能够实现这种"绝对"的幸福，他能否最终实现"善"？

其次，在其《超越正义》的"伦理政治中的正义概念"中，赫勒还谈到了关于"超越正义或人类学革命"，在她看来，无论是康德的正义理论还是其他的正义理论，比如说功利主义，这些都是属于"超越正义"的哲学，但是各种类型的正义都必须拥有允许可以适应其应用形式的正义概念的实质。因而，赫勒给出了她对康德的评判观点："康德自己没有抛弃正义的概念，而是把正义保留在法律教条的框架内。"❶ 这是因为，康德的道德观过多地重视了道德行为和自律特征，将道德活动本身视为人类行为的目的，并强调了道德活动本身所包含的自我内在价值。我们知道，在道德哲学中，没有人有绝对的义务说"绝对这般的责任要这么好、这样去做"，也没有绝对地说"我们绝对会按照这样的道德律令去做"，比如"你不应该去偷窃，你不应该去抢"等承诺，人们都可以意识到这些是不道德、不正确的事情。在赫勒看来，"康德为一种不存在的正义塑造了普遍的标准"❷。

由此，我们看出赫勒对康德的伦理学思想持一种极为复杂的态度，她既承认康德"至善"和善良意志的合理性，肯定地认可了康德关于道德律的因素，但同时赫勒也明确地批判了康德的"道德"中严格的形式主义，以及康德把正义局限在教条的法律框架之内。因而，可以说"赫勒用源自

---

❶ ［匈］A. 赫勒：《超越正义》，文长春译，黑龙江大学出版社2011年版，第106页。
❷ ［匈］A. 赫勒：《超越正义》，文长春译，黑龙江大学出版社2011年版，第107页。

于亚里士多德的伦理学纠正了康德伦理学中过于呆板的成分"❶。赫勒对康德的这些"纠正",恰恰成为她离开康德最终打算构建最佳的政治生活世界的出发点。

第二,赫勒正义理论与罗尔斯正义理论的比较研究。自罗尔斯的《正义论》出版以来,对正义问题的最有影响力的批评和讨论一直产生于自由主义和社群主义之间。在这场论战之中,还有很多其他思想学派的人物,比如东欧新马克思主义的代表人物赫勒、来自第三势力的代表人物哈贝马斯等。我们知道,几百年来,自由主义一直是西方政治哲学的主流,随着时代的变化,自由主义也在不断改变自己的形式。虽然自由主义在当代西方政治哲学中依然处于统治地位,其中最主要的是以罗尔斯为代表的平等主义的自由主义。罗尔斯作为当代政治哲学的主要推动者,分配问题对罗尔斯的正义论意义重大。赫勒在《超越正义》的"分配正义"章节中就明确地指出:"正义与不正义都涉及分配。"❷ 因此,讨论关于分配正义的问题,势必绕不开对赫勒与罗尔斯的正义思想的研究和比较。

约翰·罗尔斯的《正义论》发表于1971年,引起了学术界关于对正义这一具有不同时代性特征和具体社会性特征问题的极大关注,引发了各大思想流派的学者们就此展开激烈的理论和学术性探讨。"正义的主要问题是社会的基本结构,或更准确地说,是社会主要制度分配基本权利和义务,决定由社会合作产生的利益之划分的方式。所谓主要制度,我的理解是政治结构和主要的经济和社会安排。"❸ 罗尔斯关于"正义"的定义实际上是:人们为了寻求更多的利益而不是孤军奋战,才形成一个社会,那么,他们最终可以分享的利益是否公平,就决定这个社会是否公正。罗尔斯没

---

❶ Burmheim J., *The Social Philosophy of Agnes Heller*, Amsterdam – Atlanta, Rodopi BV, 1994, p.241.
❷ [匈] A. 赫勒:《超越正义》,文长春译,黑龙江大学出版社2011年版,第190页。
❸ [美] 约翰·罗尔斯:《正义论》,何怀宏等译,中国社会科学出版社2011年版,第7页。

有将权利和利益、责任和义务分开，而是将它们称为"基本利益"。但是因为社会分配不仅包含物质财富，还涵盖了政治权利、就业、个人能力、工作岗位的职能等其他机会，因而从这个层面上来说，罗尔斯的正义理论其实是关于权利公平分配的理论。"努力把洛克、卢梭和康德所代表的传统的社会契约论普遍化，并提升到一个更加抽象的高度。"❶ 我们来对"普遍化"（universalization）和"更抽象"（more abstract）作一个基本概念的阐释。从这两个词义的基本解释可以得知：这两个词义都是说明事物处于其发展的理想的一个变化过程。"社会契约"（social contract）在一定历史条件下已经不是原来的状态了；其中的"原始状态"（original state）也不是最早的那种具有原始的自然的状态，只是一种理论意义上的最初形态。

我们由此可见罗尔斯自由主义的温和本质。他提倡的正义原则与社会主义的分配并不矛盾；相反，包括福利社会主义在内的因素可能导致国家干预主义的结果。

以上是我们对罗尔斯正义思想的分析。那么赫勒与罗尔斯正义理论的比较如何呢？

首先，二者的正义思想都包含着"至善原则"。罗尔斯引入"善"其实是继承了康德的善良意志，他是一个温和的自由主义者，同时也是一个福利自由主义者，在他的正义思想中引入"善"，准确地说，是为了给正义在现代社会中发展和实现正义进行辩护，因而使正义在现代社会中具有学术研究的理论意义以及正义在社会中的真实实践有所保障。因此，赫勒和罗尔斯的正义观意义相同，都是基于对正义实现的最基本的保障，具体表现为这样的一些要素：对人的主体性作用在实现社会正义中的极大关注和重视，尤其是赫勒的正义理论中对人的自我价值的实现、人的道德主体的作用的发挥的强调等，是二者关注的重点和一致性。而罗尔斯突出强调

---

❶ ［美］约翰·罗尔斯：《正义论》，何怀宏等译，中国社会科学出版社2011年版，第ⅷ页。

的是，他认为正义实现的基本原则要体现在人是自由的人、平等的人，社会进行平等价值的实现要基于社会要实现最根本的正义（社会的"善"）。人们按照正义原则在社会生活中生存，这表现了人的自律。在罗尔斯的正义理论中，道德哲学是为政治正义让步的。赫勒与之有区别的是，在她的正义理论中，她的道德哲学是至上的，赫勒超越了罗尔斯的道德哲学和政治正义的尺度，她的正义理论是在全面接受良善生活实现的基础上构建的，她试图以道德哲学为根本来构建政治正义。也就是说，基于道德哲学构建的"良善生活"，最后实现社会的"超越正义"并为其服务。前面我们阐述了赫勒与康德的比较内容中已经谈过了赫勒的至善原则，这里不再展开。

其次，罗尔斯没有具体地提出如何实现将不正义社会转变为正义社会的实施方法，因而，他的正义理论的归宿也与赫勒有相似之处。赫勒的良善可以实现"超越正义"的理论，是从康德的道德律出发的，因此赫勒意义上的正直的好人作为主体来实现良善生活，其实是苍白无力的，良善生活在实践中实际上是很难逃脱乌托邦的命运的。因此，在这点上，赫勒与罗尔斯有着殊途同归的乌托邦的命运。

虽然赫勒与罗尔斯之间存在一定的相似性，但她的正义理论显然是建立在罗尔斯的正义理论基础之上的，是站在罗尔斯的肩膀之上的。赫勒的"超越正义"理论中的"分配正义"部分的内容就是以分析罗尔斯的正义理论而展开的。在这里，探讨一下赫勒对罗尔斯正义论的批评与超越。

第一，赫勒肯定了罗尔斯的契约论克服了传统契约论的部分缺陷，但也指出他没有全部克服。所以，她认为罗尔斯的正义论依然存在问题，她说，"'原始状态'只是'自然状态'的一种改进版本，它不可能在'无知之幕'下去选择、立法、和推论。"[1] 赫勒指出，如果人们能够不从自己的利益（具体包括价值观、承诺和善的概念等因素）出发来考虑问题，那

---

[1] [匈] A. 赫勒:《超越正义》，文长春译，黑龙江大学出版社2011年版，第262页。

么，人们将如何选择？如果这时人们按照自己的价值观、承诺和善来作出回答，那么，罗尔斯就犯了传统契约家的"替代的谬误"的错误。她给出的方案是：罗尔斯必须制定一个正义社会（或近似正义社会的模型），目的是构建自由的优先性，根本不需要"原始状态"。她的观点是：该理论不允许"走出历史的阴霾"。动态正义之所以产生，其本身就是历史和现代性的产物；同样，对自由和生命的价值追求也可以理解为现代性和社会历史发展的产物。在我们看来，赫勒的这个解决方案其实在一定程度上也是一种理想化的乌托邦设计。因为，这样的价值普遍化的道德哲学无论如何规范或者在理想化的模型条件下，若没有一个完善的良性的社会制度的保障，以上这些都看似完美，但在实际上是难以实现的。

第二，在罗尔斯《正义论》的末篇"目的"阐述了其道德哲学。在西方传统哲学中，政治哲学一般以道德哲学为基础。罗尔斯却颠倒了这一顺序，把政治哲学的原则作为道德哲学的前提。他指出，政治哲学和道德哲学都关心政治问题。作为价值的好处（good）既是利益，又是善良。《正义论》的第一篇的价值观是关于利益的浅显理论（thin theory of the good）。在原始状况下，人们如果需要按照正义原则行动，那么最根本的出发点是人们自己的利益，而不是人的"善"念。但如果将正义原则在社会制度中得到实施并成为指导人们的行动准则，那么人们对利益的关注就会发展成为良好的道德指导准则。另外他在《正义论》第三篇中阐述了价值观是关于善良的完全理论，等等。可说，罗尔斯的正义论正是这样一个政治哲学和道德哲学相统一的理论体系。

当然，也正是由于赫勒对于前代哲学家的批评、论证和超越，才构建了在赫勒看来完备、充分的"超越正义"理论。因此，我们认为赫勒对于罗尔斯正义理论，既有批判，又有认同。也正是赫勒对罗尔斯这些正义理论的研究和论析，才创造了她的正义理论的独特性质。试想，如果没有这些哲学家独具特色的理论探讨和观点分野，那么就没有西方思想界的百花齐放、百家争鸣，就没有罗尔斯这样的理论巨匠，就没有赫勒独特视角的"超越正义"，更没有学术的发展和思想的前进。

7.1.3 对马克思正义理论的继承和创新

我们知道，赫勒是受西方马克思主义领军人物暨她的导师卢卡奇的启蒙，而且赫勒本就是在马克思主义的背景之下成了布达佩斯学派的代表人物，但即使是时代和境遇不同，但她的思想与马克思正义理论仍存在密切的联系。赫勒在她的《激进哲学》一书中，曾经明确地指出：我们必须认识到，对待马克思，要像对每一个哲学家一样，可以有不同的理解。每一种价值选择和每一种价值的解释都显示了与特定阶级、阶层的社会倾向、利益和需要的密切关系；对哲学的选择，以及以何种方式、态度来理解它，同样表达了这种密切关系。哲学涉及启蒙，就其本质而言是民主的。它设定每一个人都一样是理性的存在，它求助于理性而不是由理性的人的信仰，并认为除人类理性之外没有任何其他权威。在她看来，毫无疑问，马克思是左翼激进主义哲学的导师，必须承认马克思主义哲学是唯一被左翼激进运动所正式承认的哲学。所以，赫勒作为一名思想丰富、理论多产的著名左翼学者，她的正义思想是基于对马克思正义理论的继承和发扬。

首先，赫勒对马克思正义理论的继承。我们可以把对赫勒的正义理论的评价，放在马克思正义理论传统内来展开考察。

1. 对马克思人文主义情怀和现实的人的需要理论的传承

在赫勒的正义理论中强调个人需求，在很大程度上是源于马克思需要理论的理论内容。因为马克思的正义理论是基于对人的自由和解放的实现，马克思充分强调了人的需求与人的本质之间的内在联系，并在此基础上，马克思提出了在资本主义条件下资产阶级对无产阶级的剥削理论,以及马克思的阶级理论和解放理论。因而,马克思在对人的解放的革命性理解的基础上,为赫勒提供了进一步发展人道主义理论、日常生活理论和正义理论的基石。从马克思关注的理论层面来看,赫勒重新理解人们在微观内容方面的需求,进一步细化和具体化人类需求的内容,突出主体的道德深度和内在丰富性。因此,赫勒拓展了一种以道德至上的正义理论。该理论不再关注宏观层面的经济生活和经济关系中的正义问题,而是关注人们日常需要和主观能力的正义问题。

2. 在一定意义上赫勒的"超越正义"理论继承了马克思的共产主义构想

同马克思一样,赫勒整个思想体系中的关于"超越正义"理论的构建,是基于她力求实现她最初的对人道主义的关怀和对社会正义的追寻,我们可以看到赫勒的思想体系从最初的历史哲学宏大叙事的研究转向了对日常生活、正义等微观现实生活观点的变化。她的"超越正义"理论的归宿,体现了赫勒的后现代主义乌托邦理想,在很大程度上拓展了马克思的共产主义意识形态。赫勒的良善生活实现"超越正义"的乌托邦的建构,在一定程度上是属于她自己的观点,但是在政治立场上葆有马克思的对资本主义的批判精神、对现代性的批判精神。赫勒的正义理论及其乌托邦建构与马克思的共产主义意识形态有着深刻的一致性或相似性,都是针对资本主义的批判。这也是赫勒正义理论与马克思主义意识形态之间内在的深刻理论基础联系。对于赫勒的乌托邦概念,我们不能简单地否定和拒绝它,我们不仅可以将其视为马克思主义意识形态应对当代危机的一种表现,也可以认为,赫勒的后现代乌托邦概念以及超越现代性的理想构建是推进马克思主义意识形态发展所作的突出理论贡献。

其次,赫勒对马克思正义理论的创新之处。赫勒"超越正义"理论在我们看来，她试图论证的一个重要方面是马克思正义理论的创新或补充，即道德和道德的维度。赫勒对"超越正义"理论的论析是从一种微观社会正义的角度切入问题的，她首先是对传统社会中的形式正义进行阐述，然后指出：在后现代社会背景下传统的完备的伦理政治的正义开始了分裂，出现了现代性下的动态正义。那么，她认为完全正义的社会是不可能的，也是不可欲的，只有良善生活才可以实现"超越正义"。而良善生活的构建需要正直的、具有德性的好人，在生命和自由的价值得到体现的基础上，良善公民的个人才能和潜能得到发挥，社会人际关系良好形成是赫勒所期望构建的最佳的社会政治生活世界。只有这样的世界里社会才是和谐美好的，才是真正意义上的超越了正义的良善生活。因而，赫勒将具有美德的良好公民作为良善生活的主要实现载体。

因而，与马克思主义对于正义思想的宏大政治建构相比，我们认为，赫勒的"超越正义"理论既是对马克思正义理论的一种创新，也是对其的一种超越。这是因为：她批判性地提出了传统生活的正义思想已经无法适应后现代社会生活。在后现代社会生活中，人们的道德不断沦陷，钱权至上的以利益为主要追求的价值观流行于日常生活，因而现代性视域下需要使正义、道德、伦理等问题重新引领人们的价值追求。但在正直的好人践行良善的过程中，仍然需要好的社会制度来保障正义程序的实现，因为人的良善在某种程度上是极其脆弱的，没有良好社会制度等保障将难以承载其良善生活的具体实现。所以从总体上来说，赫勒明确提出了她的"超越正义"理论，她用这种新的理论和范式来研究现代性下的社会正义问题，她的"超越正义"理论给予人的良善极大的关注和价值提升，为构建良好秩序社会提供了理论关注点，这就极大地丰富了正义问题的研究域。因此，我们认为赫勒的"超越正义"理论实现了一定意义上的一种超越和创新。

7.1.4 对苏联东欧社会正义理论和实践的反思性总结

众所周知，世界大战的胜利向全世界宣示了苏联的强大，苏联承担了伟大的世界性的解放任务：在苏联的帮助支持下，东欧各国先后走上社会主义的道路。同时，直至苏联解体，苏联及东欧社会在二战以后的几十年内，伴随着苏联政治体制的发展，也衍生了很多经济和社会文化等方面的一系列问题，以下展开相关问题的讨论。

从二战结束到苏联解体、东欧剧变，在长达半个世纪的时间里，苏联和东欧国家共产党领导人民在社会主义道路上不断为强国富民而奋斗。这些党和国家领导人从最初的一开始是坚信自己的信仰和选择，在苏联的带领下他们为本国的经济发展速度而自豪，以为赶上和超过西方最发达国家、最终实现无限美好的共产主义社会是不太遥远的将来。但是，随着时间的流逝，这些国家的人民发现，他们的生活水平与原本相同或者相差无几的西方国家差距越来越大，于是后来就有了"波兹南事件""匈牙利事件"等情况的发生。客观地说，经过战争洗礼后的苏联、东欧各国党和领导人为了国家和社会建设，基本都是克勤克俭的，那么出现问题的原因是什么？痛苦的反思使人们领悟到：狂热的政治热情不能违背客观存在的经济规律，战后初期统一化的"苏联模式"对当时的经济起了相当好的急救功能，但是这种模式长期运行下来已经弊端百出，苏联、东欧社会的人民怨声载道，政治事件频频发生。于是苏联、东欧各国开始进行了改革，探索如何发挥社会主义体制的优越性，然而，苏联、东欧国家的改革不仅未能使国家走向振兴和富强，反而将国家带进了社会制度剧变的"死角"。这也证明了马克思唯物史观的原则，经济基础决定了上层建筑。在一切社会政治关系中，社会经济基础情况对国家和社会发展变化起着最根本和具有决定性指导性的作用。如果说经济发展战略要解决的是经济发展的方向与目标问题，那么经济体制就是解决经济运行的动力问题。在市场经济体制中，经济运行的动力主要源于人们对物质利益的追求，而在苏联、东欧国家传统的社会主义发展模式中，经济运行主要是以政治热情为动力，例如共产主义理想、爱国主义精神、集体荣誉等。当革命刚刚胜利时，新生的社会主义国家处于国际资本的包围之中，人们对于旧制度下的极端不平等充满仇恨，对新生的社会未来充满希望，依靠政治热情是可选择的手段，甚至是唯一的手段。苏联在二战后短期内在重工业和军事领域里取得的各种成就可以证实这一点。但是，随着时间的推移，人们的个人利益追求得以恢复，加上平均主义下产生的各种新的不平等和官僚主义及腐败等现象，使原有的政治热情逐渐消逝，在这种动力不足的状况下人们的效率低下、社会矛盾日趋严重，问题频发。因而，苏联、东欧社会主义在理论和现实实践中遭遇到了巨大矛盾和困境。

随着上述一系列问题的产生，苏联、东欧的理论家在探索中进行了反思，他们开始重新思考：回到马克思，试图从马克思主义理论中找到解决问题和摆脱困境的出路。这是因为：首先，从文化上来说，人类的联合是向统一的发展，是通过民族个性化、文化的形成和斗争来进行的，且没有其他的道路，其他的道路是抽象性和空洞性的，或者是纯粹地转向精神深层、转向另一世界。民族和民族文化的命运应该彻底实现。接受历史，就是接受民族个体性、接受文化的斗争。例如，希腊文化、中世纪时期的文化和德国文化等都是统一的人类的世界文化之路，但它们都是极为民族的、个性独特的。所有伟大的民族文化在一定的意义上是全人类的。划一的文明是畸形的，同一模式的文化没有任何意义，在它身上没有一点世界性的影子。其次，从政治上来说，教条主义和抽象政治都是平庸和没有可塑性的，无法实现对生活的热情，也无法超越历史的本能和现代历史的视野，它与只会沿着直线看一点的人十分相似,是僵硬死板的。生活的整个复杂性都滑过了目光,不可能对生活作出鲜活的反映。但是抽象的政治教条主义者却以为,他们看得很远。我们知道,他们的"远视"看到的只是自己的教条,而不是未来的生活。"远视"是视力的一种问题,它需要合适的"眼镜"来帮助其看清楚事物。政治总是关注相对的东西,它只为社会而存在,在社会中有着强烈的压抑的本能。对于政治而言,在这个社会阶段是好的,到了另外一个历史时间或许是坏的。比如"苏联模式"在二战后的初期为苏联、东欧缓解战争解决了短期的问题,但是随着时间的推进,这种模式的弊端越发明显。因而,政治是极其复杂的,政治中的原则性问题,要比教条主义者认为的复杂得多,需要把它引入精神复兴、人与生活的结构变化、民族特征的锻造等方面来考虑。政治上外在的、强迫的道德主义是不明智的和令人厌恶的,例如,从斯大林最初强加"苏联模式"给东欧各国,到后来戈尔巴乔夫上台后支持和帮助东欧各国"去斯大林化"。但是,在政治背后还应该有人的道德能量、道德的坚韧。这也就是赫勒所主张的,善良可以实现和超越正义的宗旨之所在:应该在现代社会重塑道德,重新构建有良好道德的公民作为社会主体的最佳的社会生活世界。

7.1.5　对西方正义理论与实践行为虚伪性的批判

赫勒的"超越正义"理论构建了良善生活可以实现"超越正义"的最佳社会政治生活世界。她的正义理论主张重新找回道德在社会中的主体性价值引领作用,提倡培养具有良好社会道德和正义感的公民,提倡生命和自由是实现正义的最高的价值,等等。通过对赫勒"超越正义"理论的解读,我们可以展开对西方正义理论所极力倡导和主张的各种价值观和主流思想的反思,来进一步考察西方正义理论与实践行为的虚伪性。

我们知道，资本主义在早期发展阶段所提出的纲领性的口号是"自由、平等、博爱"，平等和自由是人类千百年来的两大基本价值。孟德斯鸠说："虽然在民主政治之下，真正的平等是国家的灵魂，但是要建立真正的平等却很困难。"❶ 西方的政治家们更是很巧妙地将正义的难题留给"上帝"去解决——"在上帝的眼里，所有人是平等的。民主政治可以求助于基督教的教义。"❷ 不管资本主义高声炒卖什么，不管政治家心里想什么实际干什么，作为根本上制约人类社会生活方向的平等和自由这两大价值，事实上他们是各执一端而竭力推行之，通过各种途径和方式将这种所谓的"普世价值"强加给其他民族和国家。"普世"（anus），从这个拉丁词源看，普世概念自产生起发生了一系列历史变化，意思包含"普遍""根""人类世界"等。对人类世界的研究离不开历史学。在西方文明中，存在两种哲学思维方式：一种是以柏拉图哲学为代表的，追求超越时空的、普遍绝对的客观必然性；一种是以亚里士多德哲学为代表的，追求经验之中的、有限的普遍性。在西方普世史的发展历史中，最终是前一种思维方式代表了西方文化的主流。这种思维方式使西方世界以追求普遍知识为宗旨，因而全球化被视为西方普遍主义的思维模式化。

西方人通过把握普遍对象来"看世界"，他们是通过将世界描述为客观和本质的思维方式来理解世界，同时也是他们生活和行为的一种方式。更重要的是，他们以所谓的"客观"态度压制和消除道德伦理领域的非普遍思维，因而就造成了这种认知方式的滥用，最终形成"理性的暴力"，反而影响了人们作出客观思考、作出正确判断的能力，其结果使人们在现实问题面前陷入了非理性的误区。西方人"虽然摆脱了道德形上的先验普

---

❶ ［法］孟德斯鸠：《论法的精神》（上册），张雁深译，商务印书馆1961年版，第45页。
❷ ［英］罗素：《走向幸福》，王雨等编译，中国社会出版社1997年版，第358页。

遍性假设，却也没有放弃对某种统一的普遍理性主义伦理学模式的吁求"[1]。例如，理论界普遍认为，西方正义理论与实践的虚伪性，是作为一种"新自由主义"的全球化推广，其结果是新自由主义的全球化恶果。例如，最具有代表性的是苏联和东欧社会主义制度的瓦解，均受到了来自美国推行普遍主义意识形态的强大冲击。苏联和东欧社会主义制度的瓦解，一方面来自体制本身存在的一系列问题，另一方面的主要原因是来自西方资本主义社会意识形态的强大推进和演变，等等，这里不再一一展开论述。

因而，在后现代社会的现代性危机中，针对西方正义理论和实践的虚伪性，重新加强对价值观层面和道德层面的建设和构建，培养具有高尚美德的具有正义感的社会公民，建设最佳的社会生活世界，实现善良可以"超越正义"，具有重要的实践意义，这也就是在现当代社会赫勒"超越正义"理论的价值和意义所在。全球化的发展也加速了多元化的特殊性，普遍主义和新自由主义也更加开放，在这种背景下，掌握西方话语体系，尤其是认清西方正义理论核心价值观的虚伪性，就能掌握世界的话语主动权、行为主动权，就有可能成为主导历史的趋势而具有价值的优先权而脱颖而出。人类社会的正义理论是按照人类的生存发展需要而不断发展的，这正是回到研究赫勒"超越正义"理论的应有之义。赫勒的"超越正义"理论是尊重了人作为主体价值建设的价值观的一种正义，在本质上这种正义的实现就是最根本的人的自由和生命价值的实现，因而，在西方正义理论中具有非常现实的理论和实践意义。尊重某种价值观，在理论上和实践中就必须对约束生命存续与发展的一切异化的理论与实践，对脱离生活实际的、抽象概念所把握的普遍主义思维方式加以"悬置"，而从现实和实践出发，寻求正义理论和实践价值观建设的现实诉求。人类的生存方式是多样的，

---

[1] 种海峰：《人类探寻普遍主义的方法及其启示》，《湖北行政学院学报》2008年第4期，第11–14页。

正义理论与实践的价值观建设围绕的是与之相适应的生存方式和思维方式而展开的社会文化和社会正义理论，这就是全球化的今天多元文化发展的必然性所在。

7.2 赫勒"超越正义"理论的思想困境

赫勒的"超越正义"理论是基于传统社会转向后现代社会中关于正义概念的重新定义和梳理，最后她将正直的好人作为实现良善生活的主体，认为善良可以实现"超越正义"。这个理论视角具有其独特性和创新性，但在一定意义上也存在理论困境和实践困境。

7.2.1 道德完美的价值判断：传统理性的崩溃并不意味着"理性的终结"

自现代社会以来，"现代"和"后现代"成了当今哲学家讨论研究的热门话题。赫勒认为，现代性的发生使道德出现沦陷，传统理性已经崩溃，在她的《超越正义》一书中，她认为应该重新回到亚里士多德的主张那里，将道德和德性的要求提到重要位置。

我们知道，现代启蒙精神的本质是理性主义，其中包含着两个基本信念：一个是"理性"的概念，即普遍和客观理性标准存在的信念以及对理性统一的追求；另一个是进步的概念，即人类社会是一个持续改进的社会，不断追求乌托邦社会理想的过程。毫无疑问，欧洲现代启蒙运动已经敲响了欧洲封建主义的丧钟，然而，两个多世纪已经过去了，在这个地球上，仍然无法实现自由、正义和理性的秩序，同时，科学和"理性"仍然存在危机，社会出现了危机，现代人的生存状态出现了危机。海德格尔曾以否定性的语言谈到，当今地球上的世界，正在发生一种世界性的没落。他说："这一世界没落的本质性表现就是：诸神的逃遁，地球的毁灭，人类的大众化，平庸之辈的优越地位。"❶ 于是，前赴后继的先哲和现代思想家们对此进行了拯救。比如哈贝马斯认为，那些反对现代性的人，就是对黑格尔的过度反思，因为，黑格尔的哲学是西方唯心主义的顶峰，在他身上，理性终于变得绝对了。黑格尔之后的哲学家们彻底批判了理性，他们中的大多数人都投向了非理性主义和反理性主义的怀抱。他们认为，世界理应"解除理性诅咒"。也就是说，社会已经步入后现代了。而赫勒认为，后现代社会中过去传统社会的正义理论已经不再适应后现代社会的道德状况的要求，需要建构以人的美德为主要载体的正义社会。我们认为，赫勒的这个理论思考和构建，在一定程度上具有一定的局限性。这是因为在哈贝马斯看来，要实现绕开黑格尔在处理现代理性中出现的矛盾，须全部舍弃理性和现代启蒙的传统。但他的这种做法，从本质上来看就等于把孩子和洗澡水一起倒出来。

　　赫勒指出，后现代多元化的社会中，人的自由和生命的价值需要得到实现。道德的要求被她提到了首要位置，她的正义之躯是这样构建的：正义作为骨骼，良善生活是血和肉的构成。这样的组合搭建了她的"超越正义"架构。在我们看来，赫勒将道德提到首位的理论是非常必要和值得倡导宣扬的，因为在后现代社会中人们的社会价值观沦陷于钱权和利益之中，我们必须积极予以纠正。然而，赫勒道德完美主义也是一种理性价值判断错误，因为传统理性在后现代中的崩溃，其结果和现状都并非决定了理性将走向"理性的终结"。虽然，从这个层面上来看，赫勒的观点针对后现代社会中的人的价值观的状态有点儿悲观，这可能与其本身的经历有一定

---

❶ 海德格尔：《形而上学导论》，熊伟、王庆节译，商务出版社1996年版，第45页。

的关联。好的生活或者良善生活的动力不能完全或不能主要由伦理道德层面上的教化与认同来提供,客观上,现实生活状况仍然处于自觉向自发过渡的混合阶段,即还没有进入物质与精神、心灵与肉体之间的矛盾全部和解的自由阶段;这个阶段的特征是人们开始在技术与工具的改进上逐渐控制自然,同时,开始通过制度与规则的设计来控制自己的生活。不过,当人们发现现实生活无法通过道德观念和道德行为得到根本改变,它有自身的逻辑,人们的生活选择和生活取向显现为一种当下的、具体的生活,正如马克思所说的,人们怎么生产,就是怎么样的人。"好的生活"或者赫勒的"良善生活"无法由未来的"超越正义"这一共同理想来定义。这就意味着,若要普遍地改变生活的一般状态,在一定的技术与工具的基础上设计一个更加合理的社会和制度,远比"在心灵深处改变一个人的伦理道德状态"更加有效、更加现实。

因此,我们说赫勒的对良善生活的追寻、对正义理论的思考、对道德完美主义的设想,在价值判断上存在着一定的失误,因为后现代社会中的传统理性的崩溃不意味着"理性的终结",人们于走向理性的过程中在技术与工具的基础上,逐渐用内在的运作规则、社会规则及制度来改变着人们的生活和道德转向。

7.2.2 审美乌托邦的情节:忽略了人的社会实践的重要性

英国著名学者以赛亚·柏林发现,人们往往很难具备足够的"现实感":"人们有时候会逐渐讨厌起他们所生活的时代,不加分辨地热爱和仰慕一段往昔的岁月。如果他们能够选择,简直可以肯定他们会希望活在那时而不是现在——而且,下一步他们就会想办法往自己生活里引入那已被理想化了的过去的某些习惯和做法,并批评今不如昔,和过去相比退步了。"❶ 显然,人们对于幸福总是太容易适应,对于痛苦总是很敏感。问题在于,谁可以真正享有幸福?到目前为止,还没有任何一个社会可以长期实现其全部社会成员的幸福生活。在古代中国,孔子认为,一个美好幸福的社会就应该是一个君子社会。在西方,当时著名学者齐格蒙特·鲍曼在其名著《流动的时代:生活于充满不确定性的年代》中提出乌托邦梦想的产生在人类社会的现实世界中具备的基本条件为:"第一,一种觉得这个世界处于非正常运行状态中,非经彻底改革便不可将之导入正轨的(散漫、尚不可言明的)强烈感觉。第二,认定人类有能力应对此项任务的信心,相信'我们人类可以做到',我们拥有理性、能发现这个世界的问题所在,并找到解决方法;我们还拥有能力能制造出这些构想化为人类现实所需要的工具和武器。"❷ 西方思想史上有这样观念和信心的人很多。比如,柏拉图的《理想国》、马可·波罗的《马可·波罗游记》、托马斯·莫尔的《乌托邦》、康帕内拉的《太阳城》以及近代的自然主义诗人亨利·梭罗的《瓦尔登湖》等,都着力描绘了一个充满幸福理想社会的蓝图,并以不同的方式进行了构想。总之,不论中西方,无论是古代还是近现代,多数幸福生活的构建最终化为乌托邦。著名学者加尔布雷斯曾提出"美好社会"的理念,并对美好社会有着积极乐观的论述,他认为:"美好社会里的每一个社会成员不论性别、种族或来源,都能过一种有价值的生活。……在美好社会里,经济是基础;经济决定论是一种无情的力量。美好社会的经济体制必须运作良好并使所有人受益。"❸

---

❶ [美]柏林:《现实感:观念及其历史研究》,潘荣荣、林茂译,译林出版社 2011 年版,第 1 页。
❷ [英]齐格蒙特·鲍曼:《流动的时代:生活于充满不确定性的年代》,谷蕾、武媛媛译,江苏人民出版社 2012 年版,第 114 页。
❸ [美]加尔布雷斯:《美好社会》,王中宝、陈志宏、李毅译,江苏人民出版社 2009 年版,第 20 页。

赫勒关于良善生活可以"超越正义"的设想，也为我们提供了一个特别的理论视野。我们知道，"良善"一词是个抽象的概念，所谓的良善，具有一种相对性的表达意义。赫勒论述的良善好人眼中的善，在恶人看来估计也不一定是一种善。赫勒将个人道德的构建作为切入点，她热切地呼吁每一个人要做好人并尽到做好人的责任。她认为，最佳的美好生存世界就是实现了良善生活的世界。赫勒认为，后现代社会的现代性下出现了理性主义的危机和道德的沦陷，每一个现代人有义务和责任担当起自己的道德责任。她探讨了现代道德出现困境与重建的问题，她期望良善好人的存在，而且这些好人们愿意受到好人的引导过一种道德的生活。在她看来，在多元文化的现代世界和社会中也应该存在一种普遍的道德价值和认同感，现代人解决所面临的道德危机和文化危机，需要良善的好人坚定他们对道德良知和道德责任的信念，是好人用他们的生存方式和个人行为来对社会和道德作出自己的努力。因此，这种最佳的道德生活世界不是每一个人都是好人的世界，需要好人的努力和担当来朝着好人和可能的最佳生活世界转变，这是一种"逐渐的转变"的乌托邦式的现实构想。当然，乌托邦总体上来说是很美好的，因为在社会发展中，人们在人类历史转折中的不断实践和剧变中的现实给人所带来的精神痛苦和艰难，使不同时代和社会中的人们总是对未来永存美好和理想。因而，对于正义的实现和理想乌托邦的美好，也正如奥斯卡·王尔德明确指出的："没有乌托邦的世界地图根本不值得一看，因为它缺少人类常驻的国度。"[1]

由此，我们可以看出，赫勒对于良善生活的构建其实是一种抽象的建构，缺失了人的现实社会实践的支撑。因为，对于好的生活或者良善生活而言，它们无论是作为一种道德王国的乌托邦，还是作为现实生活的可能性，就完全取决于在具体的生活中我们是以"零星的社会工程"改善和变

---

[1] [美]斯科特：《国家的视野》，王晓毅译，社会科学文献出版社2011年版，第111页。

革当下的社会规则和制度，还是借用科学权威在历史与逻辑的至高点设置一个目标。对于后者来说，虽然也可能存在制度上和规则上的重新设计和变革，但是，它们的范围和作用是极其有限的，它们已经为自己假定了一个不可动摇的大前提，就是现在的制度和规则是与赫勒期望的最佳生活世界和生活目标具有内在的承继关系的，因此，它更关注如何达到那个最后的最高的目标，而不是检视当下的生活规则需要怎样去改变，以使人们接近或实现好的生活或者良善生活。比如说，在现代高度专业化分工的社会中，如何指导和设计规则和制度，使人们即使没有完善的自我道德意识水平，也能够在实际的现实生活交往中互惠互利，彼此需要和满足，同时提升整个社会的福利以增加幸福感。亚当·斯密已经通过理论论证回答了这一问题，他认为：财产分立和自由市场制度激发了人们的创造力，自由竞争的压力不断提升人们对诚信和卓越的重视；分散在每个人身上的知识由于分工合作和独立核算成本而得到有效利用，因为他们要在这种环境生存下去，只有为他人提供最好的服务和产品，同时也才能得到他人最好的服务和产品。在这个意义上我们可以相信，制度与规则往往能够重整生活，使其获得不竭的动力和改善自己的可能。

综上所述，现实生活要解决自身的问题，在赫勒构建的良善生活这样的道德美好社会还没有到来之前，无须从伦理道德的至高点上强行为社会和生活在社会中的人们获取一种普遍的正当性支持，一是没有现实操作可行性，二是现实生活自身可以依靠人们的社会生活实践活动以及内在的运转规则来创造自己的正当性。人们不能完全生活在心理和精神之中，现实生活实践是有限的个人体验、理解良善生活和最佳生活世界的唯一载体，同时也是通过设计适当的制度与规则来维持、创造良善生活和美好生活的动力学根据之所在。所以，人们所生存的社会自身的本真实践生活或切己生活无须仅仅依靠好人的德性和公民的美德来支撑，也无须等到我们寄希望于未来的道德共同体来完成，在某种不严格的意义上来说可以在现实的当下获得。

7.2.3 忽视了马克思主义阶级分析法的运用

众所周知，我们从辩证唯物主义和历史唯物主义的角度来看，阶级是由经济原因产生的，是根据人们在社会中所处的地位决定的。阶级还是一个更广泛的范畴，它是经济、政治、思想的总和。因而，阶级与阶级分析的方法是有区别的，阶级是一种抽象的物质概念，而阶级分析是一种了解阶级和阶级社会的方式。作为一种科学的理解方法，我们必须全面分析阶级的本质和现象，即分析每个阶级的物质根源、精神现象。阶级分析法是马克思主义的基本观点，用马克思主义思想来研究正义问题，也包含应用阶级分析的方法，即先分析当时的阶级关系、阶级矛盾，找到主要的矛盾，就可以把握住问题的中心，可以解决问题，不然就不能把握中心、不能解决问题。比如，毛泽东同志的阶级分析法就是运用辩证唯物主义和历史唯物主义分析阶级的方法在中国的具体化。首先，毛泽东同志的阶级分析法立足于辩证唯物主义和历史唯物主义的基础之上，根据不同的生产关系来区分不同的阶级；其次，毛泽东同志在分析阶级时，总是从中国社会的实际情况出发，从中国所处的历史条件出发，因此，他所分析的阶级是中国社会的阶级，即具有中国特色的阶级。因此，毛泽东同志的阶级分析法的最大特征就是它的理论与实践的统一、认识与行动的一致。马克思主义阶级分析方法通过阶级分析来分析历史现象，它的前提必然是历史现象中存在阶级。除了分析每个阶级的经济状况外，阶级分析还分析了各阶层的政治态度和思想状况。

而从以上对赫勒的"超越正义"理论的解析过程中，我们可以看出，赫勒的"超越正义"理论中缺乏了对马克思主义阶级分析法的运用。其具体体现为：

（1）赫勒在对正义理论的阐释过程中，过分依赖和倚重了人的主体性道德的作用。我们可以具体地理解为：赫勒对良好公民的美德的过分强调和重视，没有立足于辩证唯物主义和历史唯物主义的基础之上，她没有根据不同的生产关系来区划不同的阶级，并由这个阶级的经济地位和阶级基础来观察他们在社会和生产中的地位和作用，从而决定我们应该采取的相应政策和策略，而是一味强调重回传统社会的道德教育，提倡将具有良好德性的公民作为她理想的良善社会的最佳政治社会生活世界的主体。

（2）赫勒在正义理论的观点和理论视角的分析论证过程中，并没有从无产阶级存在的阶级社会中的角度来对各种不正义的现象进行分析，进而找到阶级和问题的本质。社会中的各阶层都是通过诸如人物、事件、意识形态等不同的现象来表现该阶层的发展和吁求的。所以，对社会中不正义现状的分析或者说对实现正义的阶级社会现象研究离不开阶级分析。而赫勒忽视了这一方法的运用，没有具体展开对各个不同阶级和阶层的具体分析，只是在分析后现代社会出现的现代性危机的过程中，认为要重新找回美德，回到德性至上的时代。在重视道德和德性建构的基础上，赫勒强调了人的自由和生命价值的实现，而自由和生命价值的实现需要一定的社会阶层和阶级基础等条件作为奠基。

（3）赫勒在建构"超越正义"思想的过程中，没有从具体的社会各阶层的实际情况出发，即她并没有具体详细地展开对现实存在的道德缺失和现实具体问题的阶级分析，即没有展开对社会各阶层的进一步分析和解剖，而只是笼统地将占有生产资料的资产阶级和不占有生产资料的无产阶级区别开来，没有进一步展开实证分析和研究而最终提出实质性的对阶级或者阶层问题研究的根本解决方法。

（4）赫勒对"超越正义"理论作了一定理论意义上的建构，比如，道德对建构良善美好生活实现"超越正义"的重要性。而在具体理论的实际操作上依然缺乏实质性的与其理论的呼应，即缺乏认识和行动的一致性。也就是说，她的正义理论在具体实施过程中，缺乏制度和体制上的保障，因而存在实际意义操作上的不足。

7.3 赫勒"超越正义"理论对实现中国梦的现实借鉴意义

我们知道，人是以正义的方式，占有和创造着自己的对象世界。正义观念的存在，并不因为正义有着某种利于人类社会的功用，而在于正义的目的就是人的目的。赫勒"超越正义"理论将良善生活的创造作为构建"超越正义"的社会的理论设想，对我们当前社会历史条件下中华民族伟大复兴的实现具有相当的借鉴和启发意义。

7.3.1 从"正直的人"角度理解"人的全面发展"

赫勒的"正直的人"这一理念，其在本质上就沿用了亚里士多德《政治学》中关于人的至善理论："全城邦可以得到自足而至善的生活，这些就是我们所谓人类真正的美满幸福。"[1] 然而，现实的世界绝非如此。在现实社会中，我们知道正义观念包含着规范性的内容和体系化的要求。正义的规范化原则，在现实性上构成人类社会实践的正义原则。这也就是赫勒之所以在"超越正义"理论中所要求的正直的人的缘由，因为需要她理想

---

[1] ［古希腊］亚里士多德：《政治学》，吴寿彭译，商务印书馆1965年版，第56页。

中的正直良善的好人、具有美德的良善公民来自觉遵守和维护社会实践中的规则和规范，并成为人们之间良好人际社会生活关系的纽带，最终形成最佳的生活社会世界。因而，正义所面对的人的现实生活世界中的权利与义务、利益与负担，不是正义世俗化的宿命，而是正义实践本性的体现。

我们知道，发展的最终目的是使人本身获得自由、全面、和谐发展。人的发展是社会进步的综合指标，每当个人得到较大发展自由度时，这个社会就会更快地向前迈进。但是具体来说，对于人们在社会历史中的现实实践活动，其所带来的具体社会历史经验使人们设立的历史和社会发展的最终归宿和目的也经历着不断前进、动态变化的状态。因而，在后现代的社会现实生活中，人们在社会发展过程中的价值取向的偏离，使人与社会、人与人、人与环境之间等的协调关系严重失衡，也就是赫勒指出的产生了"理性危机"、"生存危机"和"人类困境"。因此，在人的发展问题上，离开个人的发展空谈社会，毫无意义。在赫勒看来，离开道德的建设，离开良善好人的社会，没有了良善好人的主体发展，良善生活难以建构！因此，我们从赫勒提出的正直的人来理解人的全面发展。赫勒从正直的人的角度，为人的全面发展提供了一个关于现实实践中的人遵守规则规范制度的前提，而要实现真正意义上的人的全面发展，还需要将社会的发展与人的进步和全面发展联系起来。对此，对现代化理论进行深入研究的美国学者阿利克斯·英克尔斯就明确地认为："发展最终要求的是人在素质方面的改变，这种改变是获得更大发展的先决条件和方式，同时也是发展过程自身的伟大目标之一。"[1]

马克思通过分析资本主义劳动过程中由于分工造成的人的片面性、畸形的发展，阐释了人的全面发展的学说。在马克思那里，所谓"全面发

---

[1] [美] 阿利克斯·英克尔斯：《人的现代化》，殷陆君译，四川人民出版社1985年版，第6—7页。

展"就是"个人关系和个人能力的普遍性和全面性"❶,即个人向"那种把不同的社会职能当作相互交替的活动方式的全面发展的个人"❷的转化,它主要侧重于人的发展的"变化"及其"程度"。在马克思看来,所谓人的全面发展,是指"人以一种全面的方式,也就是说,作为一个完整的人,占有自己的全面的本质"❸,"使自身的自然中沉睡着的潜力发挥出来"❹,是"人类全部力量的全面发展"❺,概括地讲,就是"人的各种潜能素质的充分发展,人的个性的丰富完整,人的本质力量的充分显现等"❻。它重视的是人的自由以及最大限度的发展。马克思的人的发展理论,最根本的归宿就是:关注的是每一个人的全面发展。因而,把每一个人的全面发展当作社会发展的主要目标,是马克思理论的终极目标。同时,马克思又对资本主义进行深入、全面的理论揭示:"正义问题的提出与人不满足于升华的现存世界、现有状态是分不开的。……人总是在生活实践中进行自我选择、自我设计,追求、创造新的世界、新的关系、新的自我、新的生活。"❼

对于"正直的人"这一理论,赫勒认为良善的好人在社会生活中能够自觉遵守社会规则和规范,是关于人的德性建设方面的理论,同时她也认为此理论有一个更加重要的前提,是人的自由和生命的价值的实现,因此,她的"超越正义"中关于正直的人的理论在后现代社会下,非理性主义和自由主义在喧嚣的当代社会中重新开启了一扇让人们思考和重建道德危机和社会文化危机的大门,因而具有一定的现实意义。因为,道德是靠其理想力量来征服人心的,具有良好的德性的社会就是具有美好和谐精神家园

---

❶《马克思恩格斯全集》(第46卷)(上),人民出版社1979年版,第109页。
❷《马克思恩格斯全集》(第23卷),人民出版社1960年版,第535页。
❸《马克思恩格斯全集》(第42卷),人民出版社1979年版,第123页。
❹《马克思恩格斯全集》(第23卷),人民出版社1972年版,第202页。
❺《马克思恩格斯全集》(第46卷)(上),人民出版社1979年版,第486页。
❻李德顺:《价值学大词典》,中国人民大学出版社1995年版,第63页。
❼胡海波:《正义的追寻》,东北师范大学出版社1997年版,第23页。

的社会，才是我们价值追求的美好社会。精神家园也就是精神共同体，它是人类情感的共磁场。精神共同体的特征是："它具有共同的利益目标，并由此产生成员之间的相互依存性；它具有共同的行为规范和价值准则；它具有共同体意识，这种意识往往是共同体精神的核心部分和团体凝聚力的精神情感体验；它能使成员获得精神情感的满足，产生与共同体同一的生存体验。"❶ 因此，正义的概念本质上就是人类实践在价值目标方面的价值追求。简言之，只有当人们以社会实践的形式来实现价值追求时，才能真正实现正义，即人的自由解放和全面发展。

7.3.2 从"良善生活"角度理解"人民追求美好生活"的现实性

赫勒的良善生活理论是以正直的人、人的才能的发展以及美好人际关系三者为基础进行构建的；同时，她认为，善良超越正义，正义的目标是超越正义。她指出最佳的生活美好世界就是生命和自由的价值得到实现的社会。赫勒关于她所期望的理想社会的理论，为我们当下追求和构建和谐美好生活社会提供了良好思路和实现途径参考。

我们知道，人类社会的全部历史及其未来的发展，都是或都将是处于现实的不完善（实然）和对完善（应然）的追求的矛盾斗争中，一步一步地向着永无终极形态的更高级社会递进的。"上帝所创造的世界之所以不完美，是因为他想激发人的创造。试想，倘若这个世界在我们到来之前，已经完美、圆满，我们来到这个世界所为如何？是消受它，还是破坏它？无论哪一种做法都是违背人性的。"❷ 因而，我们生活在这个世界，我们需

---

❶ 刘智峰主编：《道德中国》，中国社会科学出版社 1999 年版，第 408 页。
❷ 汪剑钊：《意义的探索给出生活的意义》，《读书》2001 年第 9 期。

要追求生活、世界的美好与和谐，正如赫勒所指出的：社会的美好需要有良善的好人，而和谐是社会的至善，是各种价值目标体系实现并完美融合的状态，是人类从结成社会的那一刻就开始憧憬的梦想。"寻求和谐"的目标对崇尚精神生活、追求理想境界的人们来说，未免不是幸事；就如同印度诗人泰戈尔对东方文明所赞美的"它的前进是生命内在的前进。它活着，吸收阳光，叶儿微微抖动，叶液微微流动"❶。在社会公平正义的实现路径上，马克思、恩格斯也提出了生产力的发展水平是实现相应社会公平正义的物质条件，一种社会制度的兴衰发展也在一定程度上取决于生产力的发展状况。如恩格斯指出的，公平正义"始终只是现存经济关系的或者反映其保守方面、或者反映其革命方面的观念化的神圣化的表现"❷。不同时代的人们都在为了自己的追求而努力和实践，但没有永恒不变的适应任何社会的正义和公平原则，人们只能在现有的社会阶段中寻求适合现阶段发展的社会公平和正义。因此，在这样的现时正义原则下，我们无法在现实理论意义上构建应然的正义理论模式，而且这样的理论建构也只是实现人们的部分基本正义诉求和愿景。但即使情况和现实如此，也无法撼动我们对正义的不懈追求与努力。

综上所述，人们对自由、生命、和谐、公正等方面的追寻，应该说是当代主流社会为实现生活于其中的个体之美好生活幸福感所应具备的基本要素。如果这些要素缺失或关联错位，会导致一种不和谐的、不健全的社会生活状态。比如，艾里希·弗洛姆曾说："人性的要求和社会的要求会相互冲突，因而整个社会是会生病的。"❸ 病态的社会必将殃及个人，要想构建和谐美好生活社会，就要治愈社会的不健全的方面，那些"与人性的要

---

❶ ［印度］泰戈尔：《民族主义》，谭仁侠译，商务印书馆1997年版，第34页。
❷ 《马克思恩格斯选集》（第3卷），人民出版社2012年版，第212页。
❸ ［美］艾里希·弗洛姆：《健全的社会》，孙恺祥译，上海译文出版社2011年版，第14页。

求的冲突以及随之而来的痛苦、对被抑制的内容的察觉、现实处境以及价值观和规范的改变，这些也是治愈社会疾病的必要条件"❶。总体上看，冲突、察觉、改变在弗洛姆的语境中主要是心理层面上的操作。但是，在我们现实的当下："……强调必须实现社会和经济变革，却忽视了人的内心变化的必要性；而没有这种内心变化，经济变革绝不能导致'美好的社会'。"❷ 我国 40 多年以来改革开放的成果尤其证实了这一点，党和国家一直并且是一再用不同的措辞强调实现经济、政治、文化协调发展的必要性与紧迫性。如弗洛姆转引他人之话指出："文明的疾病更多地不在于许多人的物资贫困，而在于自由及自信精神的没落。"❸ 因而，弗洛姆的观点是：对于人类社会来说，真正的具有和谐美好且幸福感特征的社会，其本质意义上必须是具有精神健全特征的社会，而一个精神健全的社会是"在这个社会里……人是中心，一切经济的和政治的活动都服从于人的成长这个目标……一个健全的社会使人在可把握和可观察的领域内而又负责地参与社会生活，并且成为自己生活的主人……"❹ 关于这一社会形象，在赫勒的良善生活中充分展现了其张力，她明确指出："'美好生活'必须在多元化视阈中被审视……即使良善生活依赖于实存选择和基本选择，它也不是一个'孤独的事业'……每个人的善良包括正义的美德，以及该美德在公共领域的运用就是追求公共幸福。"❺ 而与其相反的情况是，那种不具有健全精神特征的社会的结果是将会"造成人们之间的相互憎恨与不信任，将人变成他人利用与剥削的工具，剥夺他的自我感，直至他屈服于他人，或者变成一个机器人"❻。因此，可以这么说，一个良善的社会，一个健全

---

❶ ［美］艾里希·弗洛姆：《健全的社会》，孙恺祥译，上海译文出版社 2011 年版，第 233 页。
❷ ［美］艾里希·弗洛姆：《健全的社会》，孙恺祥译，上海译文出版社 2011 年版，第 230 页。
❸ ［美］艾里希·弗洛姆：《健全的社会》，孙恺祥译，上海译文出版社 2011 年版，第 242 页。
❹ ［美］艾里希·弗洛姆：《健全的社会》，孙恺祥译，上海译文出版社 2011 年版，第 233－234 页。
❺ ［匈］A. 赫勒：《超越正义》，文长春译，黑龙江大学出版社 2011 年版，第 335 页。
❻ ［美］艾里希·弗洛姆：《健全的社会》，孙恺祥译，上海译文出版社 2011 年版，第 59 页。

的社会，一个幸福的社会，和谐美好的生活应该成为一个人作为人之为人无愧无悔的情感需求和现实需求。

7.3.3 从"超越正义"角度深入理解中国梦的合理性

我们知道，追求正义是人们在社会政治生活中的现实本质要求，故亚里士多德称，在我们对理想的政体进行研究前，应该先论定人类最崇高的生活的性质，即"一种政体的原则体现在它对于公正的观念上……真正的公正意味着对城邦的宗旨作出贡献的人，城邦的目的不仅仅在于谋求生存，而是要实现共同的优良生活"❶。也就是说，正义是人类社会生活的目的本身，也是社会政治生活的本源所在。

赫勒的"超越正义"理论，为我们建构道德的自律提供了一种特别的视角。在她看来，正义的普遍性总是与道德实践联系在一起的。我们知道，道德理想主义者对现实的批判与理性和理想的超越，是康德、赫勒这些哲学家的理论使命，但是，人类社会不能没有理想，尤其是不能没有道德理想。因为，在赫勒看来，传统的道德理想主义已被证明不可能承担起当代人价值取向的重任。因此，为了使从现代性迷梦中觉醒的人们，不至于缺失方向而成为新的精神流浪者，赫勒认为，需要建构良善生活的"超越正义"，道德理想的重构将成为一个时代的课题。"传统的理想主义总是将意义的确证与某种终极的或具体的目标相联系……一种目的论的理想主义不是容易滑向对人性和个人的侵犯，就是因为过于实质化而走向幻灭，导致意义的丧失。当传统理想主义总要走向其反面，而留下一片信仰的废墟时，究竟是以一种什么样的策略拯救理想主义，

---

❶ ［古希腊］亚里士多德：《政治学》，高书文译，九州出版社2007年版，第267页。

以回应虚无主义的挑战?"❶ 这是一个现代人需要思考的问题。答案的获得须通过对现代性与传统道德理想主义的双重反思,通过民众价值观的转变——由追求物质享受到追求精神超越。因而,在现代社会中,人们的新道德理想主义何以可能?

就中国当下而言,我们建构了社会主义和谐社会语境下的道德理想诉求,和谐是一个极具传统意蕴的哲学范畴。比如,中国传统文化中就包含了丰富的和谐思想。儒家注重"仁"的践行,主张由亲及众推及万物,以实现人与人之间乃至人与一切生命有机体的亲和,达到"天人合一"的境界。道家推崇自然法则,主张"人法地,地法天,天法道,道法自然",最终实现人与万物齐一的境界。佛家强调众生平等,肯定彼此之间的相即相入、相互交融。这些原本属于哲学范畴的和谐思想,被运用于人际交往、社会治理时,就转化为一种伦理原则与治国理念,并通过"大同理想"、"小国寡民"与"极乐世界"等具体理性模式表达出来。虽然,迄今为止历史上有关和谐社会的理想,人们一直在努力追寻,然而和谐社会是一个终极目标,任何时代的人们都只能在其可能的范围内使社会更加和谐。社会主义和谐社会是一个涵括了"人与人的和谐""人与自然的和谐""人、社会与自然的和谐""社会经济、政治、文化的和谐"在内的社会机体的全面系统和谐。

一个国家在一定时期的流行词汇,往往反映着这个国家的脉动。2012年11月党的十八大以后,"中国梦"一词正式进入官方词汇,即实现"国家富强、民族振兴、人民幸福"。这是我们在中国社会主义初级阶段进一步明确了当前的理想——中国梦。2014年5月4日习近平总书记对北大师生说:"每个时代都有每个时代的精神,每个时代都有每个时代的价值观念。国有四维,礼义廉耻,'四维不张,国乃灭亡。'这是中国先人对当时核心

---

❶ 许纪霖:《另一种启蒙》,花城出版社1999年版,第197页。

价值观的认识。"❶ 我们从赫勒的"超越正义"理论来看中国梦，它们在正直的人的美德要求上具有一定的相通性，因为它们都具有一种道德价值观念的要求。这也是中华民族传统人文精神的写照，因为只有人民才是我们"民族的脊梁"，只有依靠人民才可以实现中国梦的追求。因而，赫勒"超越正义"理论为中国梦的实现提供了一种价值信仰和道德理想主义意义上的有益探索，具有一定的现实借鉴意义。社会历史发展前进的方向需要旗帜来引领，而奋斗的力量则需要理想与信念来凝聚。中国梦，是一个美好的愿景、一项伟大的事业、一幅美丽的蓝图，实现中国梦需要有强大的人民的力量来实现。因而，中国梦是民族之梦，将个人之梦寄托于国家之梦、民族之梦，梦想才能成真。同时中国梦就是人民的梦，只有实现了人民的梦，才能实现民族梦、国家梦。中国梦的视野宽广、内涵丰富，蕴含着全体中国人民面对未来的能力与信心、蕴含着中国人民对美好生活的憧憬和向往，激励着人们更加奋发图强努力实现伟大民族的复兴之路。

本章小结

在前文阐述了赫勒正义理论的基础上，本章对赫勒"超越正义"理论作了总体性的评价。首先从对正义理论问题域的拓展的角度，对马克思正义理论继承和创新的角度，以及苏联、东欧社会正义理论与实践历史性反思等角度，审视了上述相关理论与赫勒"超越正义"理论之间的比较研究分析和学术价值，同时，阐释了赫勒"超越正义"理论存在着一定的思想

---

❶ 习近平：《青年要自觉践行社会主义核心价值观——在北京大学座谈会上的讲话》，人民出版社 2014 年版，第 4 页。

困境。但是其本身并非一种纯粹的学术理论建构,这一理论对当下社会现实重视人的道德主体建设,改善人的伦理精神状况,对于我们中国特色社会主义国家社会主义核心价值观的建设,引领人们的个人价值观、道德观、世界观在实践中具有一定的可参照性,因此,我们在本书最后对赫勒正义理论从正直的人、良善生活、"超越正义"的角度,分析她的思想在中国当下社会语境中的价值和借鉴意义,指出它们对于把我国建成富强民主文明和谐美丽的社会主义现代化强国的意义和作用。

结 语

苗 族

哲学家们总是对人性的本质、道德的起源以及美德和恶习的起源持不同的意见。结果，他们趋向于不同意他们的道德劝告。但是相反，当开始表述世界的道德状况时，他们的意见则是完全一致的。[1]

——阿格妮丝·赫勒：《后现代政治状况》

在人类社会的历史发展过程中，人们持之以恒地追寻正义，其最终的基本动力在于每个时代下的人们渴求在有限的生命时间内最大限度地提升生命质量，力图在和谐美好的社会环境中尽可能地获得个体生命和自由价值的实现，同时能够满足人与人之间以及人与社会之间的互动和满足。因为"正义作为一种价值滥觞于道德，但是正义观念及其判断始终是指向社会的，既指向这个社会的制度，亦指向组成这个社会的人民"[2]。因此，作为社会价值的正义始终代表了对人类命运、自由、平等等问题的深切思考，也正因如此，正义千

---

[1] ［匈］A. 赫勒：《后现代政治状况》，王海洋译，黑龙江大学出版社2011年版，第52页。
[2] 韩水发：《正义的视野——政治哲学与中国社会》，商务印书馆2009年版，第4页。

百年来始终牵动着无数的先知和哲人的深刻思考和探索。

我们生活的这个后现代社会是开放和多元的，科技的发达和信息传递的高速发展使人们生活在一个获得全方位信息和知识的环境中，因而人们的思维和价值多元且各异，容易产生冲突。而正义理论永远不可能成为一种亘古不变的律令，甚至无法按照哲学家的理论设计在理论上或实践中关照到社会生活世界的每一个人，但是按照马克思的理论建构，人类实践发展的终极目标就是实现人的全面和自由的发展，从而在最终意义上实现共产主义的价值目标。

而在我们现代社会中，"正义"概念已经从以前传统社会的以道德为最高主旨转向现代社会和后现代社会中的道德精神哲学的困境，人们开始面临价值意识形态的匮乏现状。进而如何实现"正义理性价值的现代性的批判"，无论是在伦理层面还是在道德层面，对哲学家们来说都是一个不乏争论的命题。阿格妮丝·赫勒作为东欧新马克思主义的领军人物，她认为要回归古希腊哲学的德性至上基础，同时也因为她个人生活时代背景而深受康德至善和道德律思想的影响，她认为德性在现代社会生活中仍然对人的意志有一定的自主性。因此在《超越正义》一书中她分析并提出德性对于正义实现的意义所在，从而良善生活可以实现"超越正义"。她指出：正义的最终目的就是实现"超越正义"，而良好公民是实现"超越正义"的主体力量和根本动力，良善生活是其道德哲学的理论出发点。

2019年7月19日，惊闻这位东欧新马克思主义布达佩斯学派的批判理论家赫勒不幸逝世，虽已90岁的高龄，但她在离世前依然十分活跃，仍然极其关注着欧洲的社会发展和未来，2019年她在生前出版的最后一本书就是《欧洲困境》（*Paradox Europa*），这位哲学家高度的时代责任感、敏锐的道德责任感、独具特色的价值批判精神和对哲学的深刻思考，"拓展并深化了当代西方政治哲学的讨论，引领了当代西方左派正义理论和民主理论的发展，对一个时期以来在后现代的虚无主义潮流下的社会理论微观化倾向是一次成功的反拨"[1]。她的崇高精神将深深地激励着我们。中国有一句古话："天下同归而殊途，一致而百虑"（《周易·系辞下》），赫勒的"超越正义"理论作为各种正义思想的一种，她的这种回归到古希腊德性至上的本源、寄希望于良好公民来实现现实生活中人的自由和生命价值的理想美好生活世界，其理论基点本身就具有深切关怀人类命运的价值所在，具有着与马克思主义相同的理论建构归宿。这种高瞻远瞩的哲学精神和其对正义的无限崇高追求，推进了人类社会正义的永恒发展。因此，不论我们是否全部赞同赫勒的"超越正义"理论，她的这种为追求正义而深刻探索的哲学家情怀都值得我们无比的敬畏和深深的缅怀！

---

[1] 周穗明：《译者前言》，见［美］南茜·弗雷泽、［德］阿克塞尔·霍耐特：《再分配，还是承认？——一个政治哲学对话》，上海人民出版社2009年版，第12页。

参考文献

散文卷

（一）中文专著

1. 马克思主义经典类

[1] 马克思恩格斯选集［M］. 第1—4卷. 北京：人民出版社，2012.

[2] 马克思恩格斯全集［M］. 第1卷. 北京：人民出版社，1995.

[3] 马克思恩格斯全集［M］. 第3、23卷. 北京：人民出版社，1960.

[4] 马克思恩格斯全集［M］. 第13卷. 北京：人民出版社，1962.

[5] 马克思恩格斯全集［M］. 第20卷. 北京：人民出版社，1971.

[6] 马克思恩格斯全集［M］. 第42、46卷（上）. 北京：人民出版社，1979.

[7] 马克思恩格斯全集［M］. 第46卷（下）. 北京：人民出版社，1980.

[8] 马克思恩格斯全集［M］. 第6、19、23、44卷. 北京：人民出版社，1972.

[9] 马克思. 1844年经济哲学手稿［M］. 北京：人民出版社，2000.

[10] 马克思. 资本论［M］. 第1—3卷. 北京：人民出版社，1975.

2. 中文译作

[1]［古希腊］柏拉图. 理想国［M］. 张子菁，译. 北京：西苑出版社，2003.

[2]［古希腊］柏拉图. 柏拉图全集［M］. 第2、3卷. 王晓朝，译. 北京：人民出版社，2003.

[3]［古希腊］亚里士多德. 政治学［M］. 吴寿彭，译. 北京：商务印书馆，1965.

[4]［古希腊］亚里士多德. 尼各马可伦理学［M］. 廖申白，译. 北京：商务印书馆，2003.

[5]［古罗马］奥勒留·奥古斯丁. 上帝之城［M］. 上. 王晓朝，译. 北京：人民出版

社, 2006.

[6] [德] 托马斯·阿奎那. 阿奎那政治著作选 [M]. 马清槐, 译. 北京: 商务印书馆, 1965.

[7] [法] 卢梭. 社会契约论 [M]. 何兆武, 译. 北京: 商务印书馆, 2003.

[8] [德] 康德. 实践理性批判 [M]. 邓晓芒, 译. 北京: 人民出版社, 2012.

[9] [德] 康德. 道德形而上学基础 [M]. 孙少伟, 译. 北京: 中国社会科学出版社, 2009.

[10] [美] 汉娜·阿伦特. 马克思主义与西方政治思想传统 [M]. 孙传钊, 译. 南京: 江苏人民出版社, 2012.

[11] [英] 戴维·麦克来伦. 马克思主义以前的马克思 [M]. 李兴国, 等译. 北京: 社会科学文献出版社, 1992.

[12] [英] 戴维·麦克来伦. 青年黑格尔派马克思 [M]. 夏威仪, 等译. 北京: 商务印书馆, 1982.

[13] [英] 乔恩·埃尔斯特. 理解马克思 [M]. 何怀远, 等译. 北京: 中国人民大学出版社, 2008.

[14] [意] 德拉-沃尔佩. 卢梭和马克思 [M]. 赵培杰, 译. 重庆: 重庆出版社, 1993.

[15] [英] G. A. 柯亨. 卡尔·马克思的历史理论——一个辩护 [M]. 岳长岭, 译. 重庆: 重庆出版社, 1989.

[16] [德] 卡尔·柯尔施. 马克思主义和哲学 [M]. 王南湜, 荣新海, 译. 重庆: 重庆出版社, 1993.

[17] [美] 悉尼·胡克. 对卡尔马克思的理解 [M]. 徐崇温, 译. 重庆: 重庆出版社, 1989.

[18] [美] 科斯塔斯·杜兹纳. 人权的终结 [M]. 郭春发, 译. 南京: 江苏人民出版社, 2002.

[19] [加] 罗伯特·韦尔, 凯·尼尔森编. 分析马克思主义新论 [M]. 鲁克俭, 等译. 北京: 中国人民大学出版社, 2002.

[20] [英] 沃尔夫. 政治哲学导论 [M]. 王涛, 等译. 长春: 吉林出版集团有限责任公司, 2009.

[21] [美] E. 博登海默. 法理学：法律哲学与法律方法 [M]. 邓正来，译. 上海：上海三联书店，2003.

[22] [美] 约翰·罗尔斯. 作为公平的正义——正义新论 [M]. 姚大志，译. 上海：上海三联书店，2002.

[23] [美] 约翰·罗尔斯. 政治自由主义 [M]. 万俊人，译. 南京：译林出版社，2000.

[24] [美] 约翰·罗尔斯. 正义论 [M]. 何怀宏，译. 北京：中国社会科学出版社，1988.

[25] [德] 哈贝马斯. 在事实与规范之间——关于法律和民主法治国的商谈理论 [M]. 童世骏，译. 北京：生活·读书·新知三联书店，2003.

[26] [美] A. 麦金太尔. 德性之后 [M]. 龚群，等译. 北京：中国社会科学出版社，1995.

[27] [美] A. 麦金太尔. 谁之正义？何种合理性？[M]. 万俊人，等译. 北京：当代中国出版社，1996.

[28] [美] A. 麦金太尔. 三种对立的道德探究观 [M]. 万俊人，等译. 北京：中国社会科学出版社，1999.

[29] [美] 德沃金. 认真对待权利 [M]. 北京：中国大百科全书出版社，1998.

[30] [美] 迈克尔·J. 桑德尔. 自由主义与正义的局限 [M]. 万俊人，译. 南京：译林出版社，2001.

[31] [英] 哈耶克. 通往奴役之路 [M]. 王明毅，等译. 北京：中国社会科学出版社，1997.

[32] [匈] 卢卡奇. 历史与阶级意识 [M]. 杜章智，等译. 北京：商务印书馆，1996.

[33] [匈] A. 赫勒. 日常生活 [M]. 重庆：重庆出版社，1990.

[34] [匈] A. 赫勒. 超越正义 [M]. 文长春，译. 哈尔滨：黑龙江大学出版社，2011.

[35] [匈] A. 赫勒. 激进哲学 [M]. 赵司空，孙建茵，译. 哈尔滨：黑龙江大学出版社，2011.

[36] [匈] A. 赫勒. 一般伦理学 [M]. 孔明安，马新晶，译. 哈尔滨：黑龙江大学出版社，2015.

[37] [匈] A. 赫勒. 碎片化的历史哲学 [M]. 赵海峰，高来源，范为，译. 哈尔滨：黑龙江大学出版社，2015.

[38] [匈] A. 赫勒. 现代性理论 [M]. 李瑞华, 译. 北京: 商务印书馆, 2005.

[39] [匈] A. 赫勒. 后现代政治状况 [M]. 王海洋, 译. 哈尔滨: 黑龙江大学出版社, 2011.

[40] [匈] A. 赫勒. 现代性能够幸存吗? [M]. 王秀敏, 译. 哈尔滨: 黑龙江大学出版社, 2012.

[41] [匈] A. 赫勒. 道德哲学 [M]. 王秀敏, 译. 哈尔滨: 黑龙江大学出版社, 2014.

[42] [匈] A. 赫勒. 历史理论 [M]. 李西祥, 译. 哈尔滨: 黑龙江大学出版社, 2015.

[43] [匈] A. 赫勒. 个性伦理学 [M]. 赵司空, 译. 哈尔滨: 黑龙江大学出版社, 2015.

[44] [英] 安东尼·吉登斯. 现代性与自我认同——现代晚期的自我与社会 [M]. 赵旭东, 方文, 译. 上海: 上海三联书店, 1998.

[45] [英] 安东尼·吉登斯. 现代性的后果 [M]. 田禾, 译. 南京: 译林出版社, 2000.

[46] [印] 阿马蒂亚·森. 以自由看待发展 [M]. 任赜, 于真, 译. 北京: 中国人民大学出版社, 2002.

[47] [美] R. G. 佩弗. 马克思主义、道德与社会正义 [M]. 吕梁山, 李旸, 周洪军, 译. 北京: 高等教育出版社, 2010.

[48] [波] 莱泽克·科拉科夫斯基. 走向马克思主义的人道主义——关于当代左派的文集 [M]. 姜海波, 译. 哈尔滨: 黑龙江大学出版社, 2013.

[49] [美] 艾里希·弗洛姆. 健全的社会 [M]. 孙恺祥, 译. 上海: 上海译文出版社, 2011.

[50] [苏] 库斯基. 苏联的国民经济计划论 [M]. 方城, 译. 北京: 人民出版社, 1951.

[51] [英] 霍布斯. 利维坦 [M]. 黎思复, 等译. 北京: 商务印书馆, 2010.

[52] [美] 阿利克斯·英克尔斯. 人的现代化 [M]. 殷陆君, 译. 成都: 四川人民出版社, 1985.

[53] [南] 德·米利伏耶维奇. 波兰在十字路口 [M]. 寇滨, 王洛林, 译. 北京: 世界知识出版社, 1981.

[54] [英] 伯里. 思想自由史 [M]. 宋桂煌, 译. 长春: 吉林人民出版社, 1999.

[55] [美] 斯科特. 国家的视野 [M]. 王晓毅, 译. 北京: 社会科学文献出版社, 2011.

[56] [美] 加尔布雷斯. 美好社会 [M]. 王中宝, 陈志宏, 李毅, 译. 南京: 江苏人民

出版社，2009．

[57]［法］马尔库塞．现代文明与人的困境［M］．李小兵，等译．上海：上海三联书店，1989．

[58]［德］奥特福利德·赫费．作为现代化之代价的道德［M］．邓安庆，朱更生，译．上海：上海世纪出版集团，2005．

[59]［美］塞缪尔·亨廷顿．变革社会中的政治秩序［M］．李盛平，杨玉生，等译．北京：华夏出版社，1988．

3. 中文著作

[1] 习近平．青年要自觉践行社会主义核心价值观——在北京大学座谈会上的讲话［M］．北京：人民出版社，2014．

[2] 胡锦涛．坚定不移沿着中国特色社会主义道路前进　为全面建成小康社会而奋斗——在中国共产党第十八次全国代表大会上的报告［M］．北京：人民出版社，2012．

[3] 徐崇温．西方马克思主义［M］．天津：天津出版社，1982．

[4] 张一兵．回到马克思——经济学语境中的哲学话语［M］．南京：江苏人民出版社，2001．

[5] 林进平．马克思的"正义"解读［M］．北京：社会科学文献出版社，2009．

[6] 袁贵仁．马克思的人学思想［M］．北京：北京师范大学出版社，1996．

[7] 顾素．罗尔斯：正义与自由的求索［M］．沈阳：辽海出版社，1999．

[8] 丛日云．西方政治文化传统［M］．大连：大连出版社，1996．

[9] 何怀宏．公平的正义［M］．济南：山东人民出版社，2002．

[10] 韩水法．社会正义是如何可能的：政治哲学在中国［M］．广州：广州出版社，2000．

[11] 陈学明．西方马克思主义论［M］．沈阳：辽宁教育出版社，1991．

[12] 俞吾金，陈学明．国外马克思主义哲学流派［M］．上海：复旦大学出版社，1990．

[13] 李惠斌，李义天．马克思与正义理论［M］．北京：中国人民大学出版社，2010．

[14] 许纪霖．另一种启蒙［M］．广州：花城出版社，1999．

[15] 龚群．道德乌托邦的重构——哈贝马斯交往伦理思想研究［M］．北京：商务印书馆，2003．

[16] 彭富明．马克思恩格斯正义批判理论研究［M］．北京：中央编译出版社，2013．

[17] 李晓晴．激进需要与理性乌托邦——赫勒激进需要革命论研究［M］．哈尔滨：黑龙

江大学出版社，2011.
[18] 张秀. 多元正义与价值认同［M］. 上海：上海人民出版社，2012.
[19] 王秀敏. 个性道德与理性秩序——赫勒道德理论研究［M］. 哈尔滨：黑龙江大学出版社，2011.
[20] 赵司空. 后马克思主义与后现代的乌托邦——阿格妮丝·赫勒后期思想述评［M］. 上海：上海社会科学院出版社，2013.
[21] 邱仁宗. 20世纪西方哲学名著导读［M］. 长沙：湖南出版社，1991.
[22] 曹玉涛. 分析马克思主义的正义论研究［M］. 北京：人民出版社，2010.
[23] 万俊人. 20世纪西方伦理学经典——伦理学前沿：道德与社会［M］. 北京：中国人民大学出版社，2005.
[24] 章国锋. 关于一个公正世界的"乌托邦"构想［M］. 济南：山东人民出版社，2001.
[25] 刘智峰. 道德中国［M］. 北京：中国社会科学出版社，1999.
[26] 林进平. 马克思的"正义"解读［M］. 北京：社会科学文献出版社，2009.
[27] 姚大志. 何谓正义：当代西方政治哲学研究［M］. 北京：人民出版社，2007.
[28] 韩水发. 正义的视野——政治哲学与中国社会［M］. 北京：商务印书馆，2009.
[29] 姜辑，张月明. 东欧三十五年［M］. 上海：华东师范大学出版社，1995.
[30] 胡海波. 正义的追寻［M］. 长春：东北师范大学出版社，1997.
[31] 陈先达，等. 被肢解的马克思［M］. 上海：上海人民出版社，1990.
[32] 倪愫襄. 善恶论［M］. 武汉：武汉大学出版社，2001.
[33] 罗国杰，宋希仁. 西方伦理思想史［M］. 上卷. 北京：中国人民大学出版社，1985.
[34] 陈学明，张志孚. 当代国外马克思主义研究名著摘要［M］. 重庆：重庆出版社，1996.
[35] 高宣扬. 后现代论［M］. 北京：中国人民大学出版社，2005.
[36] 李德顺. 价值学大词典［M］. 北京：中国人民大学出版社，1995.
[37] 傅其林. 阿格妮丝·赫勒审美现代性思想研究［M］. 成都：巴蜀书社，2006.
[38] 孔寒冰. 东欧史［M］. 上海：上海人民出版社，2010.
[39] 孔寒冰，等. 叶利钦执政年代［M］. 郑州：河南文艺出版社，2000.
[40] 周辅成. 西方伦理学名著选辑［M］. 上卷. 北京：商务印书馆，1964.
[41] 姜辑，张月明. 东欧三十五年［M］. 上海：华东师范大学出版社，1995.

4. 中文期刊

［1］文长春．正义范式的现代性危机与批判性重构——阿格妮丝·赫勒超越正义思想研究［J］．苏州大学学报，2017（2）．

［2］颜岩．超越正义何以可能——阿格妮丝·赫勒对马克思正义理论的误读［J］．学术月刊，2012（6）．

［3］颜岩．阶级解放真能导致人类解放吗？——评阿格尼丝·赫勒的后马克思主义人类解放论［J］．山东社会科学，2010（2）．

［4］颜岩．探寻日常生活人道化的途径［J］．中外文化与文论，2009（2）．

［5］姚大志．罗尔斯正义理论的道德基础［J］．江海学刊，2002（2）．

［6］姚大志．罗尔斯的"基本善"：问题及其修正［J］．中国人民大学学报，2011．

［7］姚大志．何谓正义：自由主义、社群主义和其他［J］．吉林大学社会科学学报，2008．

［8］姚大志．《正义论》之后的罗尔斯［J］．哲学动态，2000（10）．

［9］姚大志．罗尔斯的契约主义与政治哲学的证明［J］．江苏社会科学，2004（5）．

［10］万俊人．社会公正为何如此重要？［J］．天津社会科学，2009（5）．

［11］汪剑钊．意义的探索给出生活的意义［J］．读书，2001（9）．

［12］赵司空．东欧新马克思主义的道德批判的力量与缺陷——以阿格妮丝·赫勒的思想为例［J］．学术交流，2015（9）．

［13］赵司空．论阿格妮丝·赫勒后马克思主义的内在逻辑［J］．马克思主义与现实，2010（4）．

［14］赵司空．离开终极目标我们将走向何处？——论布达佩斯学派的批判及批判的终结［J］．哲学动态，2008（10）．

［15］赵司空．从政治解放到伦理解放——简析阿格妮丝·赫勒的解放理论［J］．学术交流，2014（6）．

［16］赵司空．阿格妮丝·赫勒的个性伦理学及其悖论［J］．学术月刊，2015（9）．

［17］王秀敏．阿格妮丝·赫勒的生存选择理论及当代意义［J］．世界哲学，2010（2）．

［18］王秀敏．赫勒关于理性化进程中道德规则重建的思考［J］．求是学刊，2010（1）．

［19］王秀敏．阿格妮丝·赫勒的道德理论诉求［J］．道德与文明，2009（5）．

［20］胡真圣．马克思正义难题的现代回应［J］．马克思主义与现实，2003（3）．

[21] 沈晓阳. 马克思主义正义观探要 [J]. 马克思主义研究, 2006 (6).

[22] 曹玉涛. 论马克思的正义观及其对构建社会主义和谐社会的意义 [J]. 求实, 2005 (12).

[23] 李佃来. 马克思正义思想的三重意蕴 [J]. 中国社会科学, 2014 (3).

[24] 牟海侠. 德性的良善的反思——赫勒的超越正义思想评析 [J]. 南昌大学学报, 2016 (3).

[25] 张传开, 单传友. 日常生活的批判与救赎 [J]. 哲学研究, 2009 (4).

[26] 涂良川, 胡海波. 论马克思的正义观 [J]. 兰州学刊, 2007 (1).

[27] 范为. 赫勒的历史意识理论评析 [J]. 求是学刊, 2012 (5).

[28] 孙正聿. 历史唯物主义与哲学基本问题——论马克思主义的世界观 [J]. 哲学研究, 2010 (5).

[29] 于萍. 马克思需要概念的内涵探析——兼评赫勒对马克思需要理论的解读 [J]. 北京航空航天大学学报（社会科学版）, 2012 (5).

[30] 彭富明. 论中世纪神学正义理论的历史嬗变 [J]. 前沿, 2010 (5).

[31] 段忠桥. 马克思正义观的三个根本性问题 [J]. 马克思主义与现实, 2013 (5).

[32] 张传有. 正义的困境 [J]. 山东大学学报（哲学社会科学版）, 2003 (4).

[33] 徐向东. 平等——政治哲学的基本观念 [J]. 天津社会科学, 2004 (3).

[34] 夏文斌. 公平原则与和谐社会的建构 [J]. 北京大学学报（哲学社会科学版）, 2005 (3).

[35] 倪勇. 马克思主义正义观及其当代走向 [J]. 武汉大学学报（人文科学版）, 2007 (4).

[36] 王晓丽. 生活世界视阈下"人的自由发展" [J]. 天府新论, 2007 (5).

[37] M. 桑德尔. 自由主义与正义的重要性 [J]. 万俊人, 译, 哲学译丛, 2000 (3).

[38] 万俊人. 论正义之为社会制度的第一美德 [J]. 哲学研究, 2009 (2).

[39] 杨晓东, 马俊峰. 政治正义的哲学传统与马克思的正义观 [J]. 北方论丛, 2009 (1).

[40] 何建华. 马克思的公平正义观与社会主义实践 [J]. 浙江社会科学, 2007 (6).

[41] 张伟, 牟世晶. 马克思正义理论的立论基础：立足于"平等"的自由 [J]. 社会主义研究, 2012 (1).

[42] 罗贵榕. 马克思正义思想研究述要［J］. 湖北大学学报（哲学社会科学版），2012（5）.

[43] 王静. 赫勒的个体解放理论及其启示［J］. 求是学刊，2011（4）.

[44] 蒋志红，张廷国. 论马克思正义观的基本主张［J］. 哲学动态，2011（8）.

[45] 杜红艳. 走向日常生活的人道化——论卢卡奇和赫勒的日常生活批判［J］. 学术交流，2011（3）.

5. 中文学位论文

[1] 涂良川. 论马克思的正义观［D］. 哈尔滨：东北师范大学，2009.

[2] 赵威. 罗尼·佩弗的社会正义论研究［D］. 厦门：华侨大学，2017.

[3] 尹松波. 理性与正义——罗尔斯《正义论》研究［D］. 上海：复旦大学，2004.

[4] 李冬梅. 马克思正义观及其当代意义［D］. 沈阳：辽宁大学，2014.

[5] 范为. 一种作为现代性批判的历史哲学——赫勒的后期思想研究［D］. 哈尔滨：黑龙江大学，2012.

[6] 牟海侠. 马克思实践视域下的正义观研究［D］. 哈尔滨：黑龙江大学，2016.

[7] 魏金华. 赫勒正义理论研究［D］. 哈尔滨：黑龙江大学，2015.

[8] 刘爽. 赫勒正义理论的批判性研究［D］. 长春：东北师范大学，2017.

（二）英文文献

[1] Burmheim, John. The Social Philosophy of Agnes Heller［M］. Amsterdam-Atlanta：Rodopi BV, 1994.

[2] Tormery, Simon. Agnes Heller：Socialism, Autonomy and the Postmodern［M］. Manchester：Manchester University Press, 2001.

[3] Grumley, John. Agnes Heller：A Moralistin Vortex of History［M］. London：Pluto Press, 2005.

[4] John Rawls. Lectures on the History of Political Philosophy［M］. Cambridge, Mass：The Belknap Press of Harvard University Press, 2007.

[5] John Rawls. Justice as Fairness：A Restatement［M］. Cambridge, Mass：The Belknap Press of Harvard University Press, 2001.

[6] John Rawls. Lectures on the History of Moral Philosophy［M］. Cambridge, Mass：Harvard

University Press, 2000.

[7] Agnes Heller, General ethics [M]. Basil Blackwell, 1988.

[8] Agnes Heller, A Philosophy of Morals [M]. Basil Blackwell Cambridge, Mass. USA, 1990.

[9] Agnes Heller, An Ethics of Personality [M]. Oxford, OX, UK: Blackwell, 1996.

[10] Agnes Heller, Can Modernity Survive? [M]. Berkeley: University of California.

[11] Agnes Heller, Beyond Justice [M]. Oxford: Basil Blackwell Ltd. , 1987.

[12] Agnes Heller, Towards a Sociology of Knowledge of Everyday Life? [J]. Philosophy Social Critzcism, 1975.

[13] Agnes Heller. Can Cultural Patterns be Compared? [J]. Dialectical Anthropology, 1984.

[14] Agnes Heller, Is Radical Philosophy Possible? [J]. Thesis Eleven, 1980.

[15] Agnes Heller, The Discourse Ethics of Habermas: Critique and Appraisal [J]. Thesis Eleven, 1985.

[16] Agnes Heller, The Complexity of Justice: A Challenge to the 21st Century [M]. Springer, 2010.

[17] Ruth Benedict, Patterns of Culture [M]. New York: New American Library, 1934: 257.

[18] Alasdair MacIntyre, After Virtue, Notre Dame [M]. Ind. : University of Notre Dame Press, 1981.

[19] Jean Cohen. AReview of Agnes Heller, beyond justice [J]. International Praxis (8: 4), January 1989.

[20] G. W. F. Hegel, Phenomenolopy of Spirit [M]. London: Oxford University Press, 1977.

[21] Mihály Vajda, The State and Socialism: Political Essays [M]. London: Allison & Busby, 1981.

[22] Ferenc Feher, Agnes Heller. Eastern Left – Western Left [M]. Cambridge, New York: Polity Press, 1987.

[23] Thomas Hobbes. Leviathan [M]. Oxford, Oxford University Press, 1943.

[24] Jean – Jacques Rousseau. the Social Contract [M]. London: Penguin Books Ltd. , 1974.

[25] D. Pepper. Eco – socialism: From Deep Ecology to Social Justice [M]. London: Deep Ecology, 1993.

后 记

本书依据我的博士论文修改而成，所涉及的领域为当代西方政治思想中的正义理论。

弹指一挥间，笔者从2007年起开始学习马克思主义理论（其中对西方哲学思想尤感兴趣），至今已有十余载，非常真切的感受是，世间最无情的莫过于时间，最值得去珍爱的莫过于"爱智慧"（哲学）。哲学在一定的时空可以给你莫大的安慰，只要你思之恋之，能抚慰你生命与心灵的疲惫、劳顿，但是，若把哲学作为对象"研究"一番，这期间会伴有难以言说的落寞、艰辛，当然其间也有欢欣、喜悦。

面对案头的书稿和文献，此刻最想说的是，我需要感谢很多人。首先我需要感谢的是我的博士生导师汤兆云教授。他平易近人、治学严谨、学识渊博，对于我的学习和学术给予了极大的支持和鼓励，没有他的学术指导和关心，我的论文完成是难以为继的。还有尊敬的王四达教授，他学术研究功力深厚、炉火纯青，令学生望尘莫及，王四达教授在我的论文写作过程中不遗余力地给予指点和意见，让我的论文写作少走了很多弯路。还有马克思主义理论研究中学术实力博大精深的吴苑华教授，对于我整个文章的布局和内容、最后环节的修改给出了与众不同的、独到的指导意见和建议，使我能在文章的后续修改中变得非常顺利。这些老师们孜孜不倦的传道、授业和解惑的精神，让我无比地崇拜和尊敬，在此一并表示深深的感激：感谢你们的授业之恩、感谢你们的解惑之恩！同时，我也深深感恩在我读硕期间一直默默支持我的老师们：你们的厚德载物、你们的关心和支持，让学生铭记于心。

此外，也感谢我所在学院的所有老师与同学，感谢你们对我学业上的支持和生活上的帮助，感谢同学们的支持和关心。真诚地感谢所有在我博士求学期间给予我支持和关心的老师、同学和朋友们，感恩你们、感谢你们！

最后，对于本书的出版，我也真诚地感谢本书的责任编辑给予了完整且详细的指导和支持。

"正义"本就是一个宏大的也是极其复杂的课题，远非一本小书所能完成的。前辈专家学者业已取得的相关学术成果，是本书得以继续前行的前提，但囿于本人研究水平，本书不免存在诸多值得继续探讨之处，因而还望学术界师长、同人对拙作多加批评指正。

2025 年 4 月